権力に対峙した男　上巻

―新・西郷隆盛研究―

米村秀司

ラグーナ出版

まえがき

二〇一八年のＮＨＫ大河ドラマが西郷隆盛に決まった。昔読んだ司馬遼太郎の大作『翔ぶが如く』を再び読み返してみた。

『翔ぶが如く』は、明治の薩摩人の世界を多角的に描きながら、「国家のあり方」や「人間の生き方」を問う作品だ。

明治維新の立役者、西郷隆盛の人生観、これに対して西郷と竹馬の友だった大久保利通の離反、薩摩閥と長州閥の主導権をめぐる駆け引きなど、司馬氏が展開する史実の積み重ねは説得力があり、引き込まれる。

司馬氏は何を根拠に西郷や大久保を描いたのだろうか。

私は、西郷研究の第一人者、海音寺潮五郎や司馬遼太郎の取材源を探し始めた。

西南戦争や西郷隆盛関連のいわゆる西郷本は、少なくとも千冊以上発行されているといわれている。

明治初期、西郷が鹿児島の城山で自刃する前から西郷本は出版されていた。そして西郷の死後、西郷が賊人としての汚名を消され、正三位として復権した明治二十六年以降、まさに西郷の復権を待っていたかのように多くの西郷本が発行された。

さらに、明治から昭和初期にかけて出版された雑誌には、西郷と直接接触した板垣退助や大隈重信など多くの要人が、西郷の人物像について具体的な史実や会話を交えながら生々しく語っている。

海音寺潮五郎や司馬遼太郎など多くの西郷研究家は、これらの証言と史実をもとに、西郷隆盛や明治という時代を描いている。このため近年出版されている西郷本は、海音寺氏や司馬氏の作品を底本として書かれているものが多い。

私はまず、明治から昭和初期にかけて出版された西郷本や雑誌を読むことから「西郷隆盛研究」を始めた。そこには京都祇園での西郷像や江戸城開城後の西郷の日常など、これまで発掘されていなかった証言が多く残されていた。

「国家のあり方」と「人間の生き方」。この二つを交錯させる西郷隆盛の人生観や死生観を研究するにはあまりにも奥が深い。

だからこそ、多くの西郷本が今も出版されているのだろう。

本書は、人間西郷隆盛の一面を知る手助けとなればと思い、上梓した。

平成二十九年八月一日

米村秀司

権力に対峙した男　上巻——目次

第一章　勝者が語り継ぐ歴史と原資料

第一話

西郷隆盛暗殺未遂事件

暗殺未遂事件とは

征韓論に敗れ、職を辞し、郷里の鹿児島に帰った西郷は、明治七年六月に私学校を創設し、青少年の教育を始めた。

明治新政府がおこなった廃藩置県や地租改正などで、全国の士族の間ではこの時期不満が高まっていた。加えて、大久保利通や木戸孝允の政治手法にも反発が強まっていた。二人とも明治維新後に岩倉使節団として欧州の国家の在り方や現状を見た人物だった。

新政府に対して、士族が初めて決起した江藤の乱（佐賀）が起きたのは、明治七年二月。西郷が私学校を創設したのは、約四カ月後の事である。

その後、明治九年に萩の乱（山口）、神風連の乱（熊本）、秋月の乱（福岡）が次々に起きた。しかし、大久保と川路利良はこれらの乱をすべて鎮圧した。

各地で不平士族が反乱するのを恐れた政府は、最強軍団の士族がいる鹿児島の動向を注視し続けた。鹿児島の士族たちが決起すれば、全国に波及する恐れがあったからだ。

大久保らの明治新政府は、鹿児島へ偵察隊（スパイ）を送り込み情報収集を始めた。いわゆる政府のスパイ活動である。事件はここから始まる。

明治十年に発行された『西郷隆盛蓋棺記《いちたいき》』によると、私学校の生徒たちは、武村（現鹿児島市武）の西郷邸の周囲を毎日警戒していた。

ある日、大久保や川路が送り込んだ偵察隊のメンバー三人が屋敷内に忍び込み、床下に隠れているところを見つけ、一人は棒で打ち殺し、一人は刀で切り殺し、残り一人を捕縛したことが書かれている。

『西郷隆盛蓋棺記』は、発行を証明する御届けが、明治十年五月十四日と書かれ政府へ提出されている。

つまり、西南戦争が終結する四カ月前に書かれたものである。

著者の山本国衛は、どんな取材をして執筆したのか不明であるが、当時発行されていた新聞などを参考にしたと思われる。この本は、表紙に定価三銭五厘と書かれ、奥付には次号の予告として、「西郷老賊　奇策を以って官軍に抵抗する事　並びに日向路戦争の事」と書かれている。「西郷老賊」と表記することで、新政府からの情報を得ていたのかもしれない。

偵察隊の中心メンバー中原尚雄の逮捕時の様子については、この書籍ではなく、明治四十二年に黒龍会から発行された『西南記伝・中巻』に詳しく書かれている。それによると中原は、

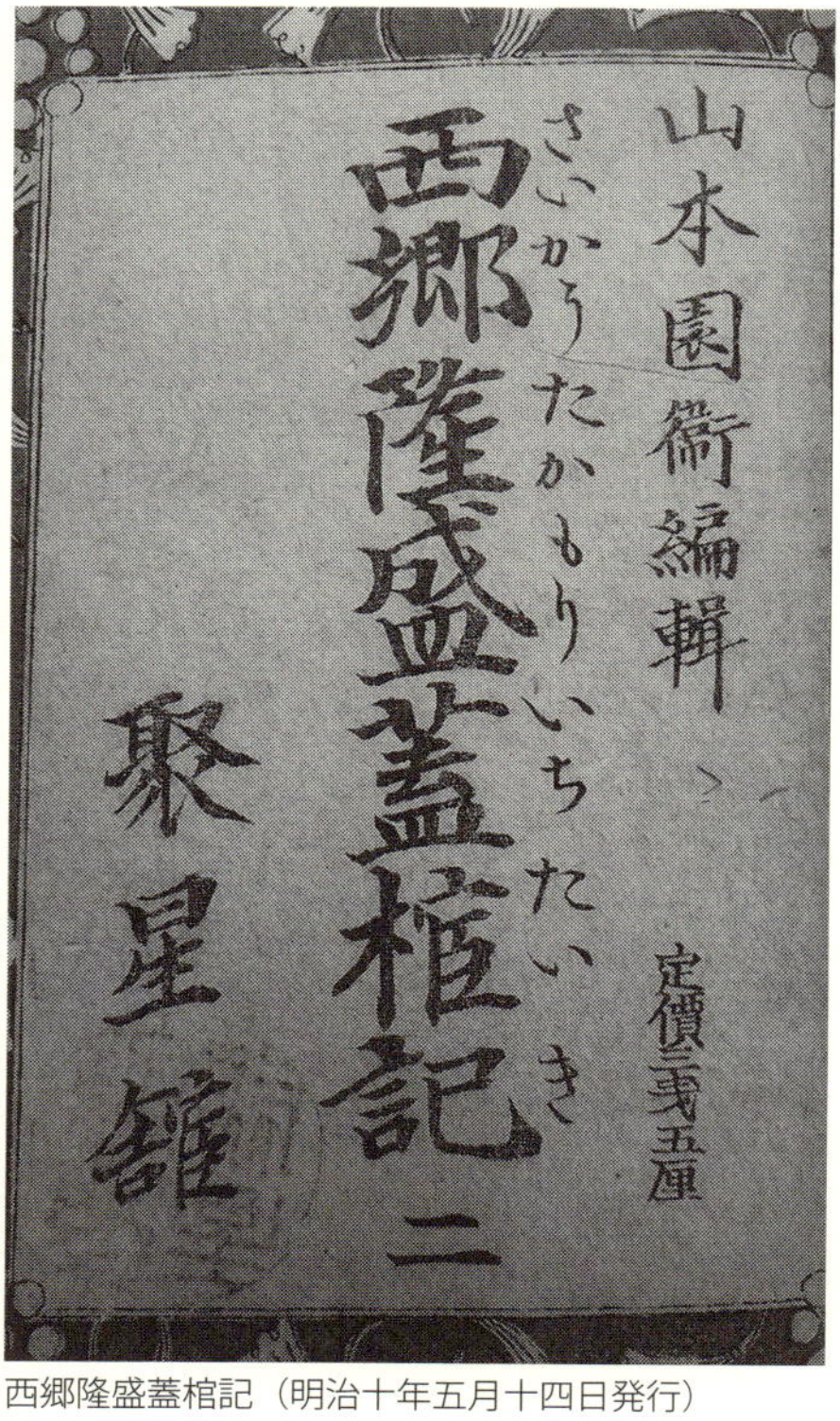

西郷隆盛蓋棺記（明治十年五月十四日発行）

明治十年二月三日の激しい雨の中、出身地の伊集院（現鹿児島県日置市伊集院町）で捕まった。

同書を現代訳すると、「中原尚雄は玄海丸で東京を出発し、明治十年一月十日、川内（現鹿児島県薩摩川内市）に着き、同月十一日鹿児島に入り、同年二月三日捕まった」と書いてある（同書、四十七頁参照）。

さらに、「中原が家を出て永平橋の近くに来た頃、一人の巡査が突然後ろから来て倒した。同時に二十名位の巡査が来てついに捕まった」とも書かれている。

中原を捕まえたのは巡査と書かれているが、『西南記伝』と異なる書籍では私学校生と書かれているのもある。捕まえたのは巡査でもあり、私学校生でもあったのだろう。

西郷が書いたといわれる永平橋の文字

永平橋は、今も鹿児島県日置市伊集院町の神之川に架けられている。この橋は、西郷が島津斉彬に仕えていたころ架けられたもので、永平橋という文字は西郷が書いたといわれている。西郷は平和が長く続くことを願って永平橋と名

日置市伊集院町の永平橋

付けたのだろうか。

皮肉にも、西郷が架けた橋の近くで、西郷を暗殺しようとした中原は捕まった。

この二月三日から七日までの間に、東京から来た偵察隊員五十五人（書籍により逮捕人数が異なる）、西本願寺の住職ら八人が逮捕されており、『西南記伝』には逮捕者全員の実名と逮捕日時、逮捕場所が記載されている。

後述する喜入出身の士族であった安楽兼道は、同年二月四日に逮捕されているが、これら逮捕者の中で、安楽はただ一人自首している。

後年、安楽は警視総監を務め、自らの喜寿祝の席上でこの事件の概要を語っており、『西南記伝・中巻』には、安楽が自首したときの様子が次のように書かれている（同書、四十八頁参照）。

―前略―安楽兼道は二月四日、巡査屯所に至りて自訴し、捕縛するところとなり、五日、鹿児島警察署に送られたり―後略―

この事件は、桐野利秋や私学校の生徒らが決起するきっかけを招いた。安楽の証言は別の書籍にも詳しく紹介されているが、これは後述する。

決起趣意書は書きかえられたのか

西郷ら薩軍は、決起趣意書に「今般、政府に尋問の廉これにあり……」と書いて、中原尚雄らの口供書（供述書）を添え、同年二月十五日鹿児島から出発した。

「政府に尋問の廉これにあり……」とは、今で言えば、大久保利通、川路利良に対して「お前らに聞きたいことがある」という意味である。

司馬遼太郎の『翔ぶが如く』では、この決起趣意書は西郷の直筆ではなく、西郷が大山県令（知事）に起草を依頼し、大山が部下の今藤宏に書かせたものであるとされている（『翔ぶが如く・第八巻』七十一頁参照）。

ところが不思議なことが起きた。

決起趣意書の「今般、政府に……」の部分が、「比の度、朝廷に……」と書きかえられた文書が残されていたのである。

これは、長野県立歴史館の研究紀要で報告されている。この事実が発見されたのは平成十六年三月。司馬氏が『翔ぶが如く』を上梓した後の事で、同書では触れられていない。

研究紀要によると、当時の大山県令が出した文書も、「此の度、朝廷に……」と書いてあることが指摘されている。

政府と朝廷は明らかに異なる。

政府と表記した場合、大久保らにとって何か都合の悪いことがあったのかもしれない。

江藤新平の乱をはじめ、当時全国で士族の不満が高まっていた。不平士族が立ち上がる危険があったのか。

だから、政府を朝廷と書きかえることで、大久保らは西郷ら薩軍に批判の矛先が向くことを期待したのか。高度な、文書ねつ造の疑いがあると思う。

この事実は、西郷研究の専門家や歴史家の間ではあまり調査されていないばかりか、文書の存在さえも広く知られていない。

専門家の研究を待ちたい。

後年、中原が供述する際に使ったしさつという言葉が、視察だったのか、刺殺だったのか、

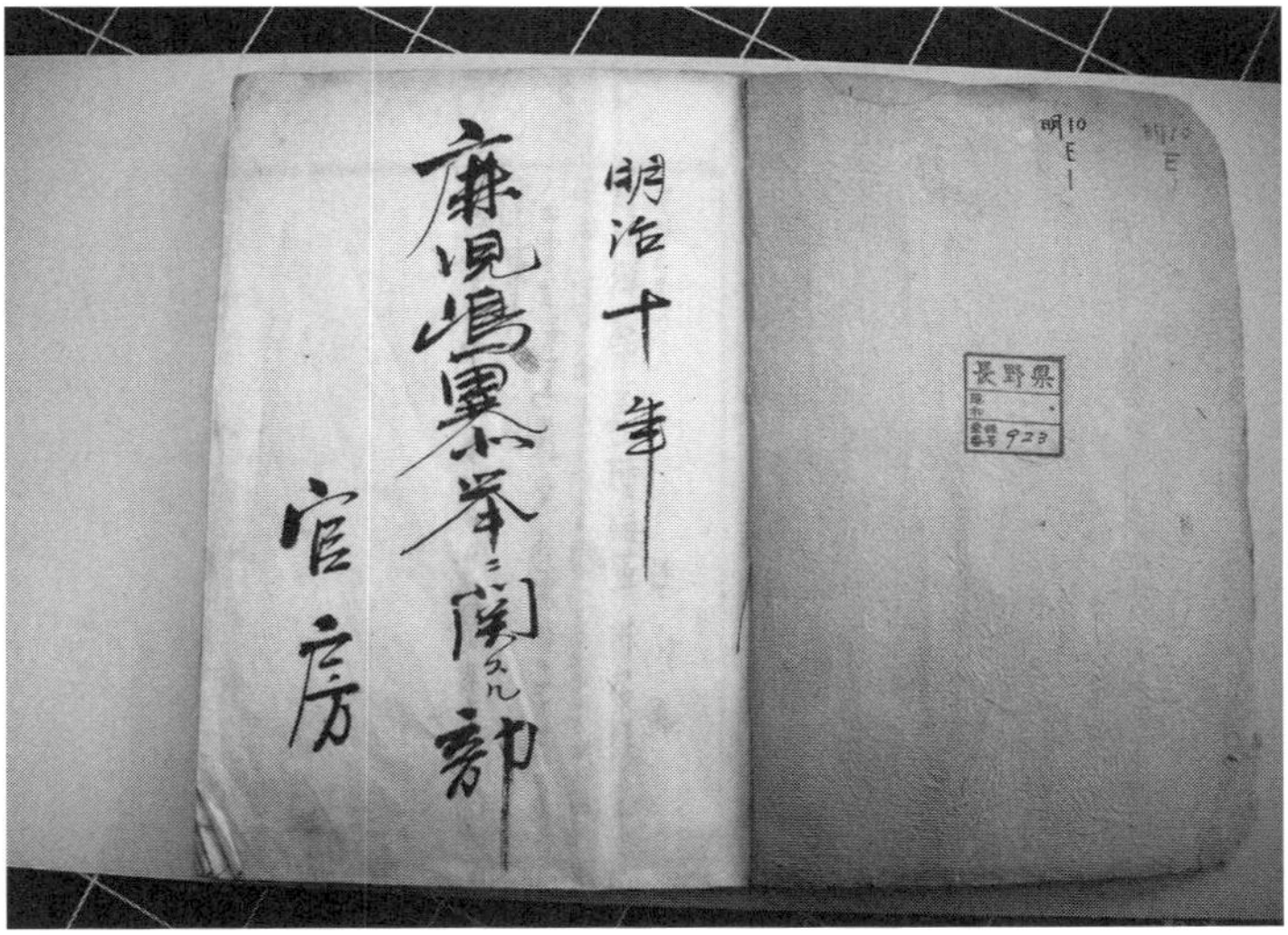

長野県に保存されている明治政府の公文書

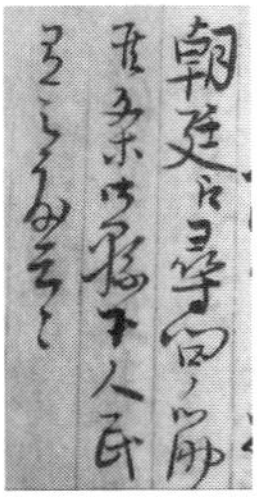

「政府」ではなく「朝廷」
と書かれている

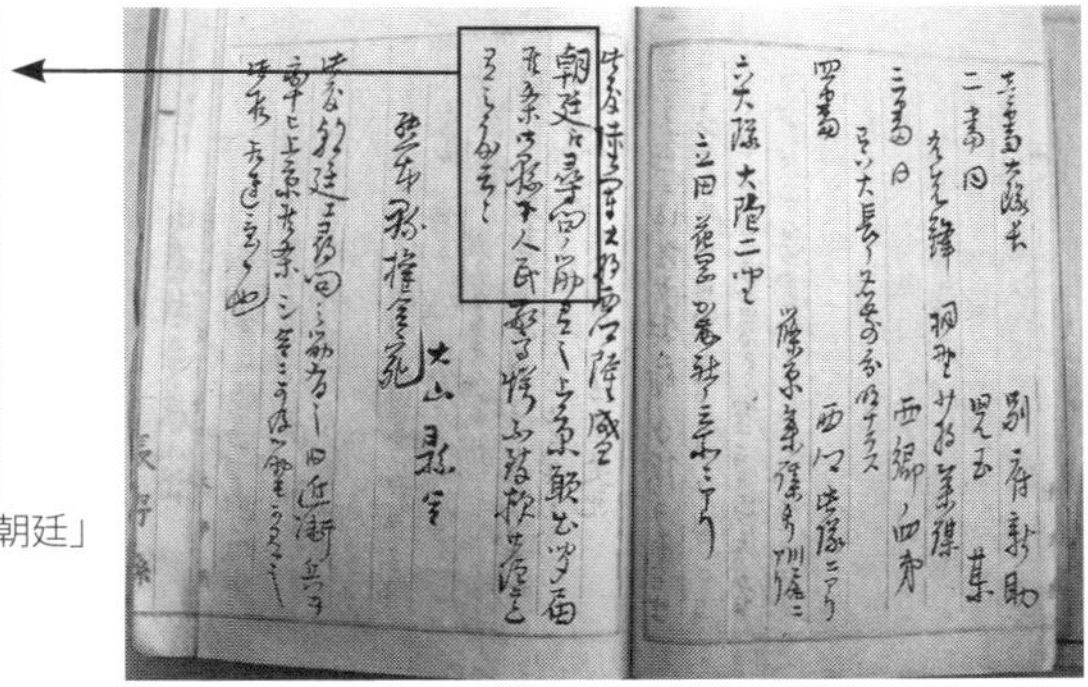

西郷隆盛の決起を示す公文書

という論争と同様の研究が求められる。

昭和十三年に発行された『明治秘史　西郷隆盛暗殺事件』にも、大久保ら明治新政府が鹿児島に送り込んだ偵察隊のことが詳しく書かれている。

書籍のタイトルは西郷隆盛暗殺事件となっているが、正確には西郷隆盛暗殺未遂事件であろう。

この書籍には、政府が送り込んだ偵察隊の集合写真が載っており興味深い。写っているのは中原尚雄ら二十一人で、他のメンバーは拷問や獄中で死んだものと思われる。

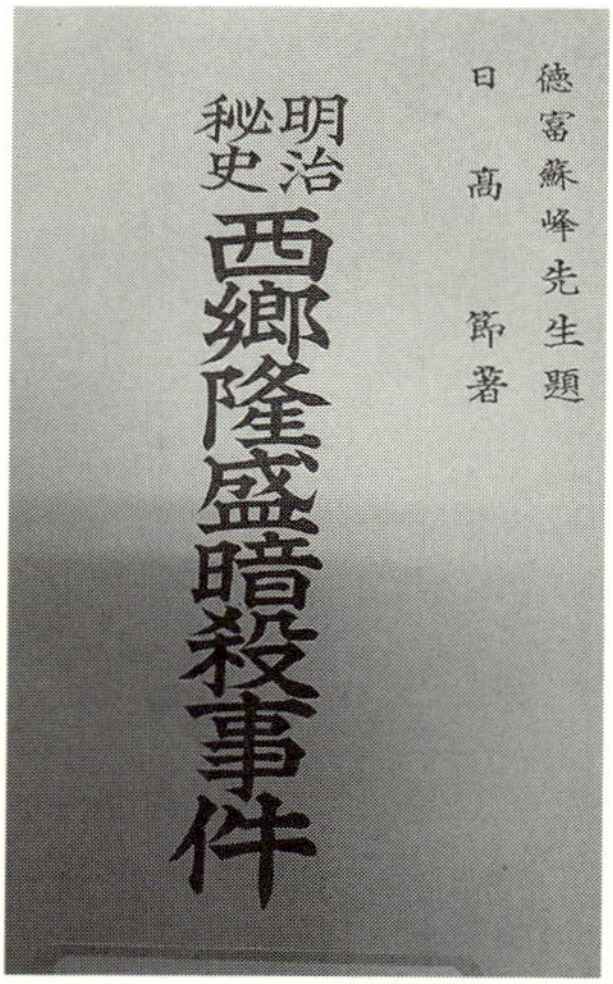

明治秘史　西郷隆盛暗殺事件（集陽社、昭和十三年発行）

政府が送り込んだ偵察隊のメンバーで逮捕されたのは、『大西郷正伝・第三巻』（同書、八十二頁参照）によると五十人と書かれているが、『西南記伝・中巻』では、西本願寺の住職ら八人を含め六十三人と書かれている。書籍により逮捕者の人数が異なるが、政府は少なくとも五十人以上の偵察隊のメンバーを鹿児島に送り込んだことが

明治十年三月十日、出獄し帰京後に撮影
（『明治秘史西郷暗殺事件』より。前列右から二人目が中原尚雄）

わかる。

西南戦争の発端となった西郷隆盛暗殺未遂事件が起きたのは、明治十年一月から二月にかけてで、西南戦争勃発直前である。

西郷暗殺の計画は、川路利良大警視の指示によるものだったのか。

多くの書籍が、川路の指示があったと指摘している。

川路の指示があったとすれば、当然大久保も了解済みのはずで、川路の指示は大久保の指示であるとみてもおかしくない。

これに対して、この事件は「逮捕後に自白を強要され、事実と異なる口供書（供述書）に押印させられてしまった。私学校生らによる挙兵を正当化するための陰謀である」と指摘する書籍もある。

この事件は、一審と二審の判決が大きく異なっている。一審では、中原尚雄ら容疑者は有罪となったものの、二審では無罪で釈放されている。

逮捕された人物は、釈放後、警視総監や新潟、大阪、富山、福岡、群馬の知事などに就任している。この人事を行ったのは大久保派であり、釈放され、昇進した彼らは伊集院や喜入など鹿児島の士族出身である。論功行賞の人事だったのだろうか。

同書には、この事件に直接関与した人物の証言もまとめられている。

このうち、偵察隊のメンバーとして逮捕されたものの、二審後に釈放され、警視総監まで昇進した安楽兼道は、事件の概要を具体的に語っている。

以下は昭和二年六月二十三日、東京芝の料亭で安楽が語った記録である。安楽は、自らの喜寿祝の席上で事件を振り返った。

安楽は喜入出身の士族で、明治八年三月に警視庁に奉職。昭和七年四月十二日、八十三歳で亡くなった。

事件から約五十年経過した昭和二年六月、安楽は真相を生々しく振り返っている。亡くなる五年前に語った証言であり、まさしく勝者が語る事件の概要である。

安楽証言

①川路大警視の別邸で計画

—前略—明治九年十二月二十六日、川路大警視の別邸に在京の鹿児島出身者が一同に集まり、会合して各人、親が病気の名目で帰省願を出すことについて協議しました。明治九年十二月下旬、東京を出発し明治十年一月十二、十三日頃、郷里の喜入に帰省しました。

—後略—

鹿児島出身者一同とは、中原尚雄をはじめ鹿児島県出身で警視庁に勤務する二十人の警部や巡査、加世田（現鹿児島県南さつま市）出身で学生ながら外務省に勤める大山綱介、川内（現鹿児島県薩摩川内市）出身で慶応義塾の書生、柏田盛文と田中直哉などである。田中直哉は評論新聞の記者でもあった。このほか鹿児島に入ったのは、西本願寺の僧侶大洲鐵然《おおずてつねん》らで、私学校の生徒らへ東京の政治状況を説明し、決起に走ることを止めるように呼びかけた。西本願寺の僧侶らは宗教を利用し、政治活動を展開した。

彼らは東京を出た後、神戸から船で鹿児島に到着した。この船は三菱汽船所有の「大有丸」

で、三菱汽船を経営していた岩崎弥太郎は西南戦争に大きく関わりがあった。

明治四十二年に発行された『西南記伝』によると、「川路と大久保は私学校生の動静に関して、これまで何回も西郷に書簡を出しているが①、西郷は書簡を受け取るたびに、私学校生にその書簡を示し、秘密を漏らしている。だから、我々の尽力は最早奏功しないため、やむを得ず中原らを鹿児島に帰し、『やればやるのほか無し』と決心を示した」と書いてある（『西南記伝・中巻二』二十六頁参照）。

この証言は大正元年に『薩南血涙史』を上梓した加治木常樹が、直接関係者に聞いた話として引用されている。

大久保と川路は、連帯して私学校生の鎮撫の戦術を練っていたことがわかる。

加えて、「やればやる」と書かれているように、場合によっては西郷の殺害も示唆していたのではないだろうか。

大久保が西郷に出した書簡は、明治六年十月十七日を最後に残されていない。『大久保利通関係文書』は大久保が保管していた書簡など百二十四通を紹介しているが、ここにも掲載されていない。前述の傍線部分①は事実なのだろうか。

このほか同書には、書生の田中直哉は評論新聞の記者だったころから警視庁の偵察隊だった、ことも書かれている。警視庁のトップは川路大警視である。田中が入手した情報は、川路に届けられていたはずである。

これらの事実からも、西郷と大久保の関係は、西南戦争前から完全に切れていたことがわかる。

②私学校生に退学勧告

―前略―帰郷後、先輩の松崎十兵衛宅に主な人物十四、五人を集め、私学校生の動向は不穏であり、危険であることなどを話した。そして佐賀の江藤新平や長州の前原一誠のように騒動を起こし、大義名分を誤ることがあれば、誠に遺憾千万であると伝えた。さらに私学校に入学するのはよろしくない事を忠告した。ところが、四、五人の人物が断固として聞き入れず、「西郷さんについて行き、国家のために尽力する。今さら私学校を退校するようなことはできない」と承知しなかった。―後略―

川路らが送り込んだ偵察隊のメンバーは、組織的に私学校生の遊離や攪乱のために動いていたことがうかがわれる。そして、偵察隊による退学要請を受け入れず、「西郷とともに国家に尽くす」として拒否した私学校生がいたこともわかる。私学校生らは偵察隊の動きを、桐野ら私学校の幹部へ随時報告していたに違いない。

③逮捕のきっかけ

—前略—明治十年二月四日午前八時か九時頃でした。従弟が俄かに走って来て「今、鹿児島から多数の私学校生が自分を逮捕するために来村した」と告げた。

私はちょうど食事中でしたが、直ぐに自宅裏の樹林を通り抜け、伯父の家に逃げました。親戚の家は危ないということで、隣家の日高家の天井裏の米俵の上に隠れました。私学校生による探索は各家ごとに行われ、道路には見張りが立ち、通行人を検問していました。

私の実家には多数の私学校生が靴や草履のまま入ってきました。—中略—

私の親戚の人たちが集まり今後について協議しました。そこで、養父が涙ながらに、この際自首したほうが武士の面目上よろしいのではないかと諭されました。私は養父の言葉に感激して快諾しました。養父は泣いて喜びました。その後、親戚一同と別れ、近くの教員住宅へ行き、そこで逮捕されました。—後略—

偵察隊のメンバーで自首したのは、安楽だけだった。自首までの経緯を読むと、養父が泣きながら自首を訴えたことは、安楽に対して反西郷や反私学校の行動を自粛することを求めたからだ。西郷はこの時代から絶大な信頼と人気を誇っていたことがわかる。明治維新の立役者だったからであろう。

その後、自首した安楽は警視総監まで昇進した。

④入獄と獄中生活について

—前略—鹿児島警察第一分署では先に逮捕された同志が皆、鮮血に染まり、柱につながれて実に哀れとも、悲憤とも言いようのない有様でした。

私は足が立たないのに引き出され尋問されました。

「川路大警視から密命を受けて鹿児島に帰ってきたのだろう」と激しく拷問しましたので「密命を受けたことは断じてない」と答えましたが、私学校生が七、八人で打ちたたき、身体の自由を失い動くこともできなくなりました。

同志が近くで拷問され、打ちたたかれる音は実に聞くに堪えないもので、特に同志の中原尚雄は最も激しく拷問され、両腕とも自由を失い、終生片腕となりました。

獄舎では他の犯罪人と同室で四、五人が一部屋でした。食事は一日二回で最初の間は食することも出来ませんでした。困ったのは便所掃除で茶碗に水を汲み、洗い流したりしました。

入獄していた時、二回ほど外部から来たものと警備の獄番とが紛争を起こしました。これは外部の者が我々を殺害しに来たところを獄番から拒絶されて、騒動を起こしたものです。

二月八日頃、巡査数名が我々を呼び出して県庁第四課に連れていかれました。そして口供書（供述書）を読み聞かされたのです。

その内容は「西郷先生を暗殺いたし、私学校生の連帯を引き離すため鹿児島に帰って来たものである」というものでした。

暗殺云々は初めて聞いたことで、断じて承服出来ないと述べ、大いに抗弁しましたが無理やり拇印させられました。—後略—

安楽の証言で獄中の様子がわかる。

拷問は確かにあったのだろう。具体的で説得力がある。無理やり口供書（供述書）に押印させられたのも事実であろう。暗殺については初めて聞いたことと証言しているが、川路も大久保も暗殺という言葉を使っていないし、表向きは鹿児島の状況視察だから使うはずがない。

だから、安楽は「聞いていない。初めて聞いた」と証言しているのだろう。

しかし、大久保や川路が指示した私学校生の分断工作には、情報提供と殺害が含まれていたのではないだろうか。

⑤出獄について

—前略—三月十日の朝、獄番がいつもと異なり、捕縄や刀剣を集めており、今日こそはいよいよ殺害されるのではないかと思っていました。

進軍ラッパの音も聞こえてきたので、薩軍が凱旋したと思いました。ところが警視隊（政府軍）が抜刀して進んで参りました。そこで声をあげて泣き、号泣しました。そして、汽船に乗せられて、非常な優遇を受けました。

この時には大山県令も同船していました。長崎に到着して県庁の警務課長の取調べを受け、やがて出帆して神戸を経由して東京に帰り着きました。

帰京後、数か月間は俸給を受けました。

私も出征したいと願い出ましたが許されませんでした。これは大久保公の意見で、後日の証拠人であるから出征を許されなかったということです。—後略—

大山県令も官軍に捕まり、同じ船で長崎へ向かったことがわかる。
大山県令は、私学校生が決起する際、軍資金の提供などさまざまな支援をした。そして自分自身も逮捕されることを予期しており、逮捕の前日には親戚らを集めて最後の別れを行った。

⑥結論

―前略―以上、私が遭遇した災難ですが、鹿児島には旧藩時代からの造船所や弾薬製造所があることを心配して、明治十年一月末に陸海軍省から船を派遣して兵器弾薬を運搬させることになったのです。

ところが、私学校の生徒たちが弾薬製造所を襲い、役人を追い払い、兵器弾薬を掠奪したのです。

そうする内に私たちの同志が東京から鹿児島に帰り、天下の大勢を説き私学校生には退学を促したりしました。兵器弾薬の掠奪と私たちの逮捕は何ら関係ないことです。これら二つのことは西郷さんはもちろん、村田新八や桐野利秋は最初から全く知らなかったことです。②

西南戦争が勃発した事情について、当時の事情をよく知らない多くの人々は、「弾薬を略奪したことや我々同志を逮捕したことを、西郷先生をはじめ桐野や村田などの幹部も承知の上で、あのような行動に出た」というように信じている人もあるように思われ、西郷先生をはじめ桐野や村田などの幹部に対して、誠に遺憾で、気の毒千万であります。この点は誤解のないように、後世のためにも十分弁明したいものであります。「西郷先生暗殺の密命を帯びて鹿児島に帰った」として、我々を逮捕して挙兵の口実にしたのです。

全く無実の罪でした。川路大警視の密命によるとか、その裏に大久保公の考えがあるようにいわれていますが、大久保公は西郷先生と幼時から無二の親友で、共に維新の大業に尽力されました。たとえ征韓論で一時別れたとしても、そんなことがあろうはずもなく、断じてこのような事実がなかったことを断言いたします。③

——後略——

傍線②については、西郷は知らなくても、桐野や村田は知っていたということではないだろうか。半分は事実で、残り半分は虚偽であろう。

傍線③については疑問が残る。

確かに明治維新を決行する頃まで、二人は無二の親友であった。二人の決定的な決裂の時期は、岩倉使節団の一員として欧州へ渡っていた大久保が、日本に帰国した明治六年の春頃からであろう。

大久保は欧州の現状を見た。西郷は見ていない。

これが二人の価値観に大きな影響を与え、政治手法まで対立を招いた。

大久保は現実主義者で、西郷は理想主義者、と評価する専門家もいるが、大久保は国家建設中心主義者で、西郷は人間建設中心主義者ともいえるのではないだろうか。

西郷が鹿児島に帰った明治六年以降、大久保が西郷に書簡を送った形跡は見当たらない。

竹馬の友であった二人は、幕末から明治にかけては相互に書簡を送り情報交換を行っていたが、この関係が明治六年以降は途切れ、西南戦争を迎えたのは事実である。二人の関係は完全に冷え切っていたと思われる。

歴史は勝者が語り継ぐ

大久保ら新政府の施策に対して全国の士族の間では、西南戦争が始まる前から不満が高まっていた。佐賀では江藤の乱が起き、長州では萩の乱が起きた。不平士族たちの反乱である。

ところが、鹿児島にも多くの不平士族がいたが、鹿児島の士族は明治十年二月までは決起しなかった。

鹿児島の士族の決起の要因は、明治九年十二月～明治十年一月にかけて、川路大警視が送り込んだ偵察隊がその背景にあることは間違いない。彼ら警視庁の偵察隊員は、私学校生の退学や入学拒否の運動を各地で行った。

西郷が創設した私学校を非難することは、西郷を非難することにつながる。彼らの言動が私学校生を刺激するのは当然である。

いわば挑発である。これが「第一の挑発」である。戦争はすべて、挑発から始まるのは過去の歴史が示している。

次に、「第二の挑発」を示す。

政府は、鹿児島の弾薬庫に保管していた武器や弾薬を、密かに運び出そうとした。しかも夜に、である。弾薬の運び出しは、県令に届け出をして昼間に運び出すのが慣例であった。この慣例違反に私学校生は激高し、これらの武器、弾薬を自らの管理下に置こうとした。

これが、私学校生の弾薬庫襲撃事件として語られている。弾薬庫の襲撃は一月二十九日から二月二日まで続いた。弾薬を奪ったのは事実だが、これは政府の異常な運び出し方に違和感を覚えた私学校生が、弾薬の自主管理をしたとも言えるのではないか。

弾薬庫襲撃事件という表現は、西南戦争の勝者の表現である。

政府は、なぜこの時期に、鹿児島の弾薬を密かに運び出さなければならなかったのか。

この時期、他国と戦争する計画が決定していたわけではない。鹿児島の弾薬を運び出す理由、それは鹿児島で保管していたら危ないというものであった。これがさらなる挑発、つまり「第二の挑発」である。

西南戦争で、政府軍は鹿児島以外の場所に保管していた弾薬を使い、勝利した事実を見ても、鹿児島の弾薬を運び出す理由はない。しかも無届けで、夜に。

事件は、ちょっとしたはずみで起きることが多々ある。そして、そのはずみは挑発から生まれる。


『明治秘史　西郷隆盛暗殺事件』には安楽兼道の証言録のほかに、同じ偵察隊のメンバーとして鹿児島に入った、大山綱介（鹿児島県令の大山綱良の親戚か）の証言も掲載している。

この証言は『明治秘史　西郷隆盛暗殺事件』の著者である日高節が、昭和六年に東京の千駄ヶ谷にあった大山綱介の自宅で、直接聴取したものである。大山はこの証言の中で、川路大警視の指示で鹿児島に入り、私学校生の動向を探るように指示されたことを明確に述べている（同書、四百二十三頁参照）。

一方、安楽兼道は、川路や大久保からの西郷暗殺の指示はなかったと述べ、二人の事件への関与を否定している。西郷暗殺の具体的な指示はなかったとしても、川路や大久保は、場合によっては西郷殺害の可能性を視野に入れていたのではないだろうか。

検証　西郷暗殺否認説と西郷暗殺説

『西南記伝・中巻二』は、川路や大久保が、西郷暗殺を指示していたか否かについて解説している（同書、八十六～九十四頁参照）。

『西南記伝』を発行した黒龍会は、内田良平らが創設した政治団体で、孫文らの中国革命（辛亥革命）を支援した。

西郷が眠る鹿児島市の南洲神社には、孫文と共に中国革命を実現させた黄興《こうこう》の参拝記念碑が建立されている。

西郷が孫文や黄興らに影響を与えたことは、あまり知られていない。

『西南記伝』は、西郷暗殺否認説と西郷暗殺説の両論を掲載し、読者に判断を委ねている。

西郷暗殺否認説は、大久保と西郷は政治上の主義や考えが異なるが、西郷は維新の元勲で、大久保にとっては先輩であるとして、征韓論（正しくは遺韓論）に敗れて鹿児島に帰ろうとする西郷を引き留めた事実を挙げている。また、大久保の側近だった伊藤博文の証言として、西南戦争が起きたとき、西郷が薩軍に加わっていることを聞いて大久保は非常に驚き、その時打っていた碁をやめたことをみても分かるという論拠を掲載している。

西郷と川路の関係についても言及し、「川路が明治五年（征韓論争の前年）に欧州に警察制度の調査に行ったのも西郷の指名によるもので、その後大警視になったのも西郷の推薦があったからである。このように恩恵を受けた川路が西郷を暗殺するはずはない」と述べている。

また、中原尚雄ら偵察隊の口供書（供述書）は、拷問により作成されたもので、ねつ造であると指摘している。

一方、西郷暗殺説は、中原尚雄が自白した時の状況などにも触れ、「口供書はすべて事実である」とした、当時の薩摩の名士、安藤尚五郎の証言を根拠にしたものである。

それによると、安藤尚五郎が中原尚雄と膝を突き合わせて、西郷暗殺事件のことを聞いたところ、「川路や大久保から、もし私学校生の攪乱策が成功しないときは、最後の手段として暗殺を用いるほかはない。場合によっては、その日のうちに実行すべきという内意を伝えられた」と語った。

安藤尚五郎は、明治二年、西郷小兵衛（隆盛の弟）らと京都の陽明学者のところへ遊学した

下段の左から二人目が安藤尚五郎（中段の左から三人目は大久保利通）

人物で、当時薩摩では知名士だった。安藤は、岩倉使節団の一員として大久保らと欧州へ渡った。明治六年三月に、パリで開かれた鹿児島県人会の集合写真には、安藤も写っている。

西郷暗殺説はさらに続く。

中原らの行動が政府の命令に反するものであるとするならば、政府はなぜ西南戦争後に、刺客の嫌疑を被った中原らを排斥せず、任用したのか。

逮捕された中原尚雄は福岡県警部長、園田長照は福岡県知事、菅井誠美は群馬県知事、高崎文章は大阪府知事、大山綱介はイタリア大使、川上親晴は富山県知事、柏田盛文は文部次官、安楽兼道は警視総監、この他刺客の嫌疑を受けたものを、政府が多く任用した。

西南戦争の戦乱を扇動した張本人の彼らを政府が任用するのは、本来ならば躊躇すべきである。彼らを任用したのは、政府自らが西郷暗殺説を否認したことと矛盾している。彼らを任用しなければならない情実があったにちがいない。

以上が、西郷暗殺否認説と西郷暗殺説の概要である。

事実を積み重ねることで真実が見える

事実として存在しているのは、大久保や川路ら政府は、偵察隊を送り込み、暗号を使って西郷や私学校生の動静を探り、県令らに隠れて無断で兵器弾薬を運び出したことである。

なぜ、偵察隊を送り込む必要があったのか。

なぜ、西郷を坊主、桐野を鰹節、私学校を一向宗などという暗号を使う必要があったのか。

これらの行為が、私学校生を挑発することになった。

そして、私学校生の強い激怒に押されて西郷は決断し、西南戦争は始まった。

薩軍、官軍ともに多くの犠牲者を出したこの戦争は、川路らの挑発が遠因にあった。

薩軍が決起する時の趣意書に書かれた「政府へ尋問の廉あり……」は、前述したように「大久保、川路へ尋問の廉あり……」である。

当時、大久保や川路は政府の中枢にいた。

だから私学校生にとっては、政府といえば、大久保と川路のことである。

明治維新の元勲として、広く尊敬を集めていた西郷。西郷に楯突いた大久保や川路のことを、とんでもない奴で忘恩の徒だ、と鹿児島の士族たちは思っていたのだろう。

現在、中学校の教科書には、西南戦争は不平士族の反乱として、わずかな記述しかない。不平士族の反乱の遠因となった政府の挑発行為については何も書かれていない。歴史は勝者によって都合よく語り継がれる。

検証・『翔ぶが如く』

司馬遼太郎は、名著『翔ぶが如く』で征韓論や西南戦争をテーマに当時の西郷らを描いている。この作品は文庫本で十巻まで続く大作だ。

司馬氏は私学校生らが決起に至った経緯を時系列に書いている（『翔ぶが如く・第八巻』六十一頁参照）。

それによると、「当時（明治十年）の鹿児島県令の大山綱良が、私学校生への軍資金提供の準備に着手したのが明治十年二月四日。川路らが送り込んだ偵察隊のリーダー格の中原尚雄が逮捕され、口供書（供述書）が作成されたのが同年二月五日である。だから、中原が供述した『西郷暗殺も視野に入っていた』という理由とは別に、私学校生らは決起して挙兵することを逮捕前に決めていた」と分析している。

そして挙兵に伴う資金を提供することを、鹿児島で隠棲していた島津久光から内意を得ていたと書いている（同書、六十三頁参照）。資金の総額は十六万円で、この金額は当時県庁の第六課（会計課）に勤めていた鎌田政直という人物の口供書に基づく証言を根拠にしたものである。そして、大山県令は二月四日に資金の準備を命じた。

つまり、中原の口述書作成の前日である。

司馬氏は、「中原らが西郷を暗殺することも視野に帰郷した。だから私学校生が決起したという解釈は誤りである」と断定し、決起はすでに決まっており、決起するために中原の口供（供述）は必要だったと考えるべきであるとしている。

時系列で検証すると、確かに司馬氏の指摘通りであるが、若干、不確かな部分もある。

なぜかというと、中原の口供書作成は二月五日であるが、逮捕は二月三日である。だから中原逮捕の時点で西郷暗殺の口供を中原から聴取し、それを受けて水面下で決起の準備に入ったとすれば、時系列的にも合理性があり、司馬氏の考察が否定されることになる。

加えて、私学校生が草牟田（現鹿児島市草牟田）にあった政府の弾薬庫を襲ったのは、同年一月二十九日。当時、鹿児島県最南端の大隅半島根占（現鹿児島県南大隅町根占）にいた西郷が、鹿児島市の自宅（武村）に帰宅したのが二月三日である。この日は中原が逮捕された日と同じで、さらに同日、桐野利秋、篠原国幹が西郷宅を訪問している。西郷、桐野、篠原の三者会談がどのような内容であったかは不明であるが、桐野と篠原は政府の陰謀の事実を告げて決起を促したとされている（『大西郷正伝・第三巻』三百二十三頁参照）。

そして、この情報は大山綱良県令にも届けられたのだろう。

中原の口供は、西郷に対して決起を促す説得材料として必要だったのかもしれない。決起に大きく関与したのが桐野、篠原、そして大山綱良県令である。

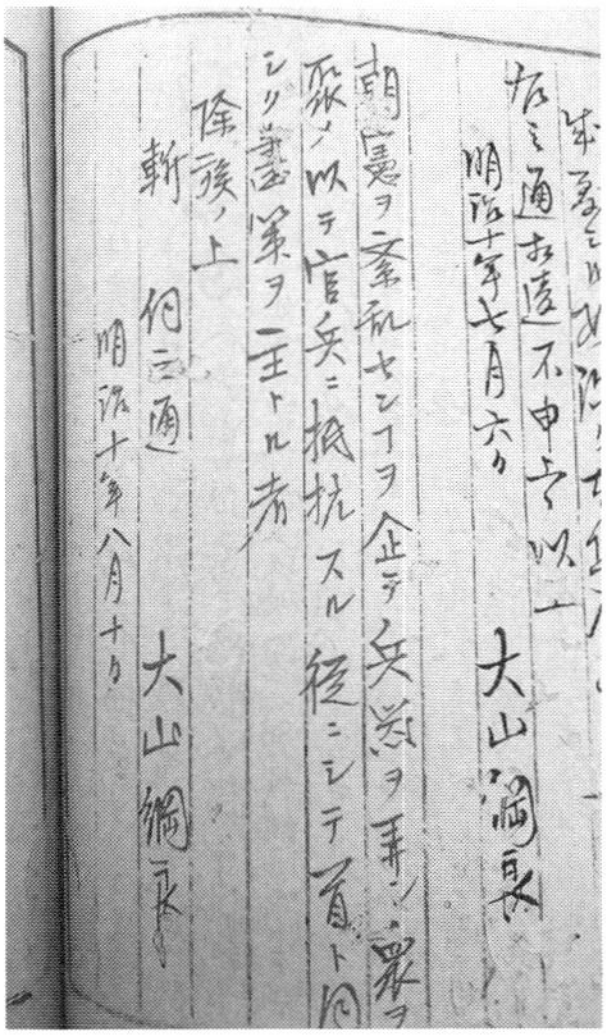
大山綱良県令の判決書

このため、大山綱良は長崎で行われた九州臨時裁判所で、明治十年八月十日、死刑の判決をうけている。

いずれにしろ、決起せざるをえない社会状況であったことは間違いない。

鹿児島県立図書館に、西南戦争の逮捕者の裁判記録が『明治十年　国事犯書類』として保存されている。それによると大山綱良は、「朝憲ヲ錯乱センコトヲ企テ……除族ノ上、斬」と死刑を求刑され、裁判官は「伺いの通り」と死刑判決を下している（前頁写真参照）。朝憲とは、分かりやすく言えば朝廷が決めた憲法のことで、大山綱良は国家の基本形態を破壊する内乱罪にあたるとされた。

検証・『警視庁草紙』

山田風太郎の『警視庁草紙』は、西郷隆盛が征韓論に敗れて鹿児島に帰る明治六年十月二十八日から始まる。

明治六年十月二十八日のまだ早い朝であった。西郷隆盛は本所小梅の隠れ家から立ち出でた。お供は小牧新次郎という従者と熊吉という下僕の二人だけだった。——後略——

そしてこの小説には、西郷隆盛暗殺未遂事件も登場する。

川路大警視が中原警部らを刺客として、鹿児島へ送りこむ場面である。

事が起こらんうちに西郷先生を殺せば、天下の政府に対して大義名分が失われる。かくて狂乱してあっち（私学校党のこと）が起っても、そげな白状は拷問によってのもので、事実無根じゃと言いぬけることが出来る。真相は永遠の謎となる。そいでよか。政府は堂々と賊徒討伐の軍を出すことができる。

西郷への刺客ということを中原らは自ら告白し、それを火種に暴発させよと川路は言った。

西郷先生を刺さんでもおはんらが刺客であることに変わりはなか。おはんらの命はなかろう。薩摩人として西郷先生を刺そうとした悪魔としての名が残る。むろんその刺客を送った元凶として川路の悪名はさらに大きく薩摩に残る（『警視庁草紙』五百三十二頁参照）。

山田風太郎は、刺客を送った張本人は川路大警視で、私学校生への挑発を意図していたと書いている。

司馬遼太郎と山田風太郎は、ほぼ同時期に西郷や薩摩人に焦点をあて、明治時代を描いている。

明治国家の建設には数多くの困難が立ちはだかったと思われるが、山田風太郎が描く『警視庁草紙』は、川路大警視の考え方や、江戸から明治に変わった日本の治安政策を知る上でも興味深い。

見逃された事実

さらに、大きな事実が見逃されている。

『大久保利通日記』の明治九年二月四日の記録である。

二月四日（金曜日）の記録には、小見出しで、探偵機密の談あり、と表示され、本文は今朝村田子、石井子入来、探偵機密の事を談す……後略……と書かれている。

本文中の村田子とは村田氏寿と思われ、川路利良が大警視に就任する前の警察のトップだった。大久保と警察トップの村田氏寿が会談し鹿児島へ偵察隊派遣を協議したのだろう。または大久保が村田へ偵察隊派遣を指示したのだろう。

日記には松方正義も大久保邸に訪れていることが書かれている。同日の探偵機密の談に、川路の名前は入っていない。

同日の日記に書かれている事実から判断すると、大久保は西郷らが決起する一年も前に、鹿児島へ密偵を送り込むことを計画していたことになる。

　この偵察隊派遣は挑発を導き、私学校生を決起させ、西郷の自刃を招いた。鹿児島の私学校生に仕掛けた挑発は、大久保自身が発案した可能性が読み取れる。

参考文献

『西郷隆盛蓋棺記』　明治十年五月十四日、御届、山本国衛編、聚星館
『西郷隆盛伝・第四巻』　明治二十七年十二月二十日、勝田孫弥、西郷隆盛伝発行所
『西南記伝・中巻』　明治四十二年、黒龍会編、原書房
『大久保利通関係文書』　昭和四十三年、大久保利謙、吉川弘文館
『明治秘史　西郷隆盛暗殺事件』　昭和十三年七月一日、日高節、隼陽社
『大西郷正伝・第三巻』　昭和十五年二月二十九日、下中弥三郎、平凡社
『改訂中学社会　歴史』　平成元年三月三十一日、笹山晴生、教育出版
『警視庁草紙』　平成九年五月二十日、山田風太郎、筑摩書房
『翔ぶが如く・第八巻』　平成十四年五月十日、司馬遼太郎、文藝春秋
『長野歴史館　研究紀要』　平成十六年三月三十一日、長野県立歴史館

第二話

異なる口供書（供述書）

大久保ら新政府は鹿児島の動向を探るために、偵察隊（スパイ）を送り込んだ。偵察隊は私学校生に捕まり、西郷暗殺計画が発覚する。

この事件は後に「西郷隆盛暗殺未遂事件」といわれ、偵察隊のリーダー格中原尚雄が弁明した文書が三種類と、谷口登太の口供書が一種類のあわせて四種類の文書が残されている。

これらの文書は、私学校生らに捕まった二日後の明治十年二月五日付の口供書（供述書）、同年四月四日に書かれた拷問始末書、同年十二月二十四日に九州臨時裁判所に提出された口供書などである。

この四種類の文書の違いを分析する。

明治十年二月五日付の口供書（供述書）

明治十年二月五日付の口供書（供述書）には、中原の供述内容が千百十文字で書かれている。

この口供書は、中原が私学校生に捕まり、鹿児島の警察第一分署に護送された時に供述したものである。

口供書の文面には「……西郷に対面、刺違ゆる外に仕様はない……」「……刺殺より外なき……」「……西郷を暗殺致し、速やかに電報を以って東京へ……」など刺激的な文言が並んでいる。

それによると、「明治九年十一月末頃、東京の川路の家で川路本人から、鹿児島には西郷がいるので私学校生が決起することはないと思うが、万一の場合『西郷に対面し刺違えるよりほかにない』と聞いた。また、日にちは覚えていないが、鹿児島の士族の大山勘助宅に行ったところ、『西郷がもし挙兵したならば刺殺よりほかにない』と承った」と書かれている。

中原尚雄

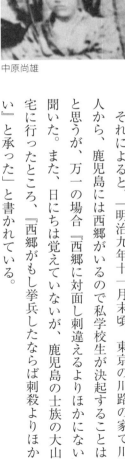

また、同年十二月二十五日、警視庁で川路に直接会い鹿児島への帰省願を出したこと、翌二十六日川路の家で、同じく帰省する安楽兼道ら十一人が集まり、西郷暗殺後は速やかに電報で東京へ報告するよう打ち合わせを行ったこと、などの具体的な供述の他、鹿児島の動静を探るため他の偵察隊のメンバーと東京で会合していた時の様子、そして鹿児島入りした時の行動内容などが書かれている。東京での会合には川路大警視の家が使われるなど、口供書の中には川路利良の文字が四回も登場し、川路が関与したことがうかがえる（中原の口供書は二百七十二頁参照）。

明治十年四月四日付の拷問始末書

昭和四年に発行された『大久保利通文書』には、中原の拷問始末書の一部が採録されている（同書四十三巻、五百十四頁参照）。『大久保利通文書』は、侯爵大久保家蔵版として発行されており、大久保家にとって都合の悪い部分は削除されているおそれもある。

採録されている中原の拷問始末書は、明治十年四月四日付で中原が官軍により救出された後、東京で書かれたものである。この時はまだ西南戦争は続いていたが、薩軍の敗色は決定的であった。

拷問始末書には、「前半　略」と書かれており、前半にどのようなことが書かれていたかは不明である。

冒頭、私学校生が政府の弾薬庫を襲撃したところから始まるが、内容にいくつもの矛盾があり、冒頭から潤色された疑いがある。

読み進むと、「弾薬ヲ掠奪セシニヨリ私学校中陸軍大少尉位ノ者等此ノ時ニ際し何カ名義ヲ設ケ兵を挙ゲシムコトヲ西郷ニ迫ラント評議最中ナリ。然シ西郷は鹿児島に要ラザルヨシナレトモ～後略～」と書かれている。

現代訳すると「私学校生が弾薬を略奪したことで、私学校では陸軍の大尉や少尉らが、この際、何か大義名分を掲げて挙兵することを西郷に要請する会議の最中だった。しかし西郷は鹿児島におらず……」というものである。

なぜ中原はこの事実を知っていたのだろうか。

「西郷がこの時鹿児島にはいなかった」という事実を中原は知るはずがない。

これらのことからも、政府側の誰かに誘導されて、拷問始末書が書かれた疑いがある。

さらに、拷問始末書には、中原の逮捕時の状況と護送されて鹿児島の警察署に留置されていた時の様子が約二千文字で書かれている。その内容は、①川路の指示で鹿児島に帰ったのではないということ、②西郷の暗殺が目的ではないということ、③拷問を受けた際の様子などである。

このなかで①は完全な虚偽で、少なくとも川路からの暗黙の指示があったと思われる。いきなり逮捕され、その後留置所で拷問されたにもかかわらず、逮捕時や拷問時の様子があまりにも詳しく書かれていることを考えると、「こんなに詳しく覚えているのだろうか」と疑問を感じる。

しかし、中原らがなぜ鹿児島に帰り鹿児島でどのような行動をしていたか、については何ひとつ書かれていないことなど、全容に疑問を感じる（中原の拷問始末書は二百七十四頁参照）。

明治十年十二月二十四日付の九州臨時裁判所に提出された口供書

西南戦争終結後、薩軍の兵士たちの裁判が行われた。まさに勝者による裁判で、先の戦争で敗れた日本を裁く東京裁判と同じ構図だ。

この裁判記録によると、九州臨時裁判所が設けられ、検事河野敏鎌、検事長岸良兼養の名前が記されている。

口供書は約三千文字にわたって書かれている。

その内容は、①東京で同志たちと会合し、鹿児島に帰ることになった経緯、②旧知の谷口登太が伊集院（現鹿児島県日置市伊集院町）の中原宅を訪問した時の状況と会話の内容（谷口は私学校側が送り込んだスパイ）、③私学校生らに捕まり警察で拷問され、供述書に押印したこと、などである。

この中で、川路の関与については「……川路大警視ヨリ私学校ヲ離間セシムル策ノ内意ヲ受ケシト云フノ義不服ナルヲ以テ直チニ之ヲ辨セント欲シタルモ数度ノ拷問ヲ受ケ身体頻リニ苦痛ノ際之ニ抗スル力ナク拇指ヲ押サエラレ……後略」と書いてある。

現代訳すると、「『川路大警視から私学校生を排除する指示を受けていた』という供述は不服であり、直ぐに抗弁したかったが、数回の拷問をうけ、身体が苦痛で抗弁する力がなく、親指を押さえられ押印した」と書かれ、二月五日、鹿児島で供述した内容は不当であると主張している。

また、明治十年一月、中原が鹿児島に帰郷後の行動については「……帰宅ノ後ハ何方ヘモ他行致サス来客ニ応接致シ居候……後略」と書かれている。

現代訳すると「中原は帰宅後はどこにも行かなかった……」となるが、これは真実だろうか。

興味深いのは、川路の呼称が、鹿児島で逮捕時の口供書（二月五日付）では「川路利良」、釈放後の始末書（四月四日付）では「川路」「長官」「川路大警視」の三種類の表現となり、そして裁判での口供書（十二月二十四日付）では「川路大警視」と表現されているところである。この裁判で、中原は無罪となった（裁判での中原口供書は二百七十七頁参照）。

明治十年十二月二十四日付、谷口登太（私学校側が送り込んだスパイ）の口供書

谷口登太は、私学校側が中原の動向を探るために送り込んだスパイだった。

谷口は鹿児島の小山田（現鹿児島県鹿児島市小山田）の士族出身で、中原は鹿児島の伊集院の士族出身。小山田と伊集院の距離は近い。二人は昔からの知友だった。

前述の中原の裁判での口供書（明治十年十二月二十四日付）によると、谷口は、同年一月三十日と同年二月二日の二回にわたって伊集院の中原宅を訪問し、二人は鹿児島の政情について意見交換した。このなかで谷口は、川路が送り込んだ偵察隊が西郷を暗殺する考えを聞き出した。これが私学校生決起の引き金になったとされる要因である。

しかし、谷口の口供書では、「西郷をはじめとする薩軍が、鹿児島を出発し水俣近くまで来た時に、小隊長の辺見十郎太から中原の供述内容を聞いた。その後、熊本の細工町の宿舎で、

中原との会話内容を書いた書類に押印した。その内容は事実と異なっていたが、すでに開戦しているので相違なしと認めた」と書かれている。

さらに、西郷暗殺の云々は、絶対に中原からは聞いていないことを強調している。

読み方によっては、中原をかばっているようにも読める（谷口の口供書は二百八十一頁参照）。

どの口供書が真実なのだろうか。

事実は、東京の川路宅に鹿児島出身の巡査らが集まったこと、鹿児島の動向を探るために帰鹿したこと、偵察隊の中原が私学校生に捕まったこと、西郷ら薩軍が決起したこと、薩軍が敗北したこと、薩軍を主導した幹部は全員死んだことである。

一方、勝利した政府軍の事実は、川路ら幹部が生き残ったこと、そして、政府の中心にいた大久保は暗殺されたことである。

西郷は自刃し、大久保は暗殺されるという二人の死に方には、余りにも大きな違いがある。

川路による西郷暗殺の指示はあったか

川路大警視は、暗殺の指示をしたのか。

西南戦争を招いたのは、政府が、私学校生の動向を探るために送り込んだ偵察隊に対して西郷暗殺を指示していたから、と書かれている書籍もある。

偵察隊のメンバーは、ほとんどが警視庁に勤める鹿児島県出身者であり、川路はそのトップ（大警視）である。

川路が中原尚雄ら偵察隊を鹿児島へ送る時に訓示した内容が、昭和七年に日本警察新聞社が発行した書籍『川路大警視』に掲載されている。

著者の中村徳五郎は、東京大学を卒業し『大西郷と僧月照』など多数の歴史書を上梓した地方史研究家である。

この書籍によると川路は、明治九年十二月下旬、鹿児島に送り込む偵察隊三十余人を前に、新政府には何の罪もないなど、三十

明治九年当時の警視庁。門柱に警視庁の文字が読める（警視庁史より）

六項目にわたって訓示している（『川路大警視』二百〜二百四頁参照）。

三十余人のうち、中原尚雄ら二十一人は実名で書かれているが、残り十数人の名前は不明である。

訓示した項目が多く、伝達に長時間かかったと思われ、川路の熱の入れようが感じられる。

この訓示の中には、西郷殺害の文言は書かれていないが、これは当然のことで、表向きは政情の安定化を図る内容となっている。

仮に暗殺の意図があったとするならば、水面下の指示であったはずである。しかも、日本警察新聞社発行の書籍に暗殺の指示など書けるはずがない。

『薩南血涙史』著者・加治木常樹の検証

西南戦争に薩軍として参加し、懲役一年の刑を受けた加治木常樹は大正元年九月『薩南血涙史』を上梓した。

西南戦争後、さまざまな書籍が出版されたがすべてが政府側の立場から書かれている。東京市ヶ谷にある防衛省の防衛研究所にも保管されている『征西記稿』『従西日記』『西南征討誌』『西南戦記』などその代表的な書籍である。

加治木が『薩南血涙史』を上梓する二年前、明治四十三年当時、中原も谷口も存命していた。

明治四十三年四月二十日、加治木は薩軍のスパイとして捕まった谷口登太に会い、貴重な証言を引き出した（同書、六十九～七十三頁参照）。

加治木は同日、横井（現鹿児島市犬迫町）の馬踊り祭り会場で谷口と会い、近くの民家で会談した。会談で谷口は明治十年八月十七日に長井村（現宮崎県延岡市）で官軍に捕まった後、東京へ連れていかれ、警視庁の監獄に収容された時の様子を生々しく語っている。

同書によると加治木は谷口に対して、中原から西郷暗殺の話があったのかと聞いたところ、谷口は西郷暗殺の話を聞いたのは間違いない事実である、と答えている。

大山綱良

ところで、当時の鹿児島県令（県知事）は大山綱良で、大山は私学校の幹部たちを地域の区長や戸長をはじめ警部や巡査に採用していた。加えて大山は、薩軍に軍資金などを提供、私学校生の活動を積極的に支援していた。

しかし、大山は、官軍が鹿児島入りした明治十年四月、中原らの釈放と同時に逮捕され、長崎へ護送された。

大山は、西南戦争が勃発した約一カ月後の明治十年三月十七日、太政大臣の三条実美から官位剝奪の通達を受けていた（明治十年、行在所達示、第六号）。

その後同年八月十日、征討総督有栖川熾仁親王から死刑を断罪されている。

判決書には、「除族の上　斬」（士族の身分を取り、死刑という意味）と朱書きされている（写真、右から四行目参照）。

この判決は、薩軍が田原坂の戦いに敗れ、敗走しているとき下された。

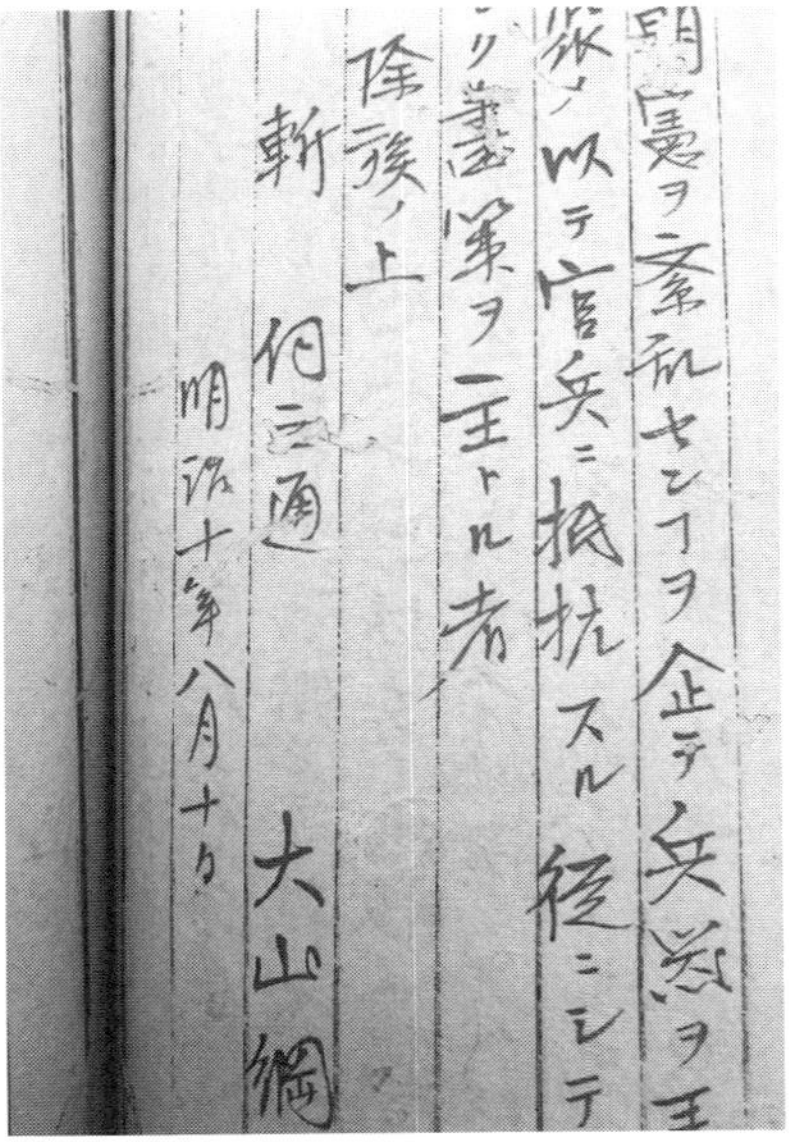
除族ノ上

斬

明治十年八月十日　大山綱

鹿児島県令大山綱良の判決書

参考文献

『薩南血涙史』　大正元年九月、加治木常樹
「行在所達示　第六号」　明治十年
『大久保利通文書・巻四十三』　昭和四年三月、侯爵、大久保家蔵収
『川路大警視』　昭和七年十月、日本警察新聞社

第三話

原資料（底本）を探す

西南戦争の原資料を探す

西南戦争は日本最後の内乱であり、反乱の首謀者が明治維新の立役者、西郷隆盛だっただけに、当時大きな注目を集めた。

江戸城を無血開城した西郷は、維新の立役者として国民から絶大な人気を得ていた。西郷没後、多くの歴史家や作家が西郷隆盛を描いている。

西南戦争や西郷隆盛関連の単行本は、これまでに少なくとも千冊以上発行されている、といわれている。

このうち、西郷隆盛の生涯を描いた書籍は、明治十年までに少なくとも七冊発行されてい

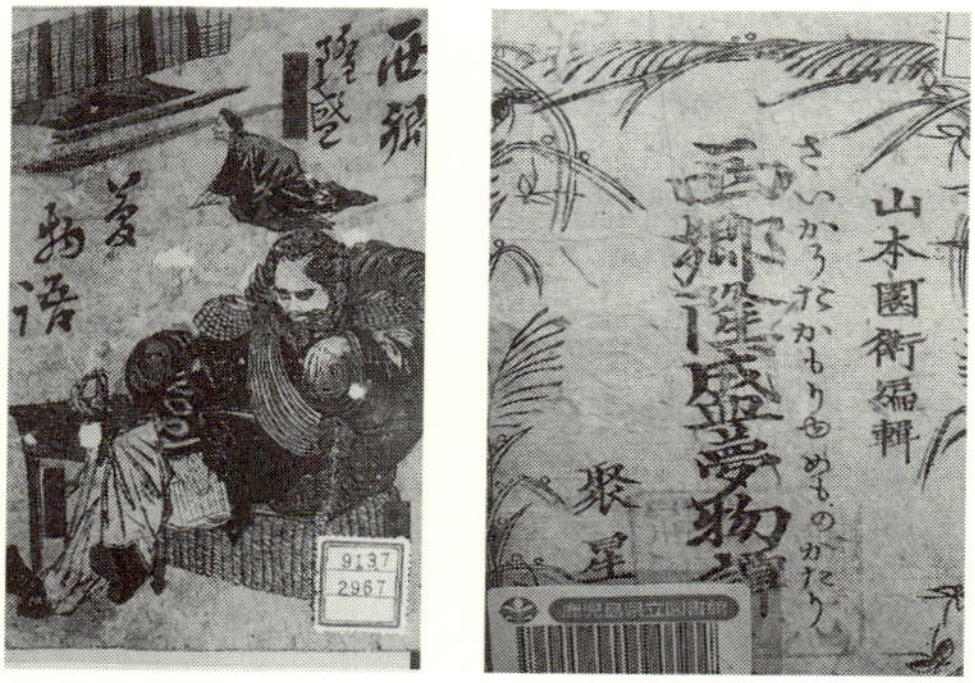

『西郷隆盛夢物譚』と同名の本が二種類発行

る。

編著者が山本園衛で聚星館から発行されている『西郷隆盛夢物譚』は、西郷が夢の中で天皇に呼ばれ、その心情を述べるもので、西南戦争は私利私欲の蜂起ではない、と西郷の立場から書かれた作品である。このため、明治新政府はこの本を発売禁止処分とした。

縦十九センチ、横十センチ、九頁のこの本は、現在鹿児島県立図書館に保存されており、表紙の裏には明治十年七月の文字が記されている。

一方、同名の本が天理大学図書館にも保存されているが、表紙が異なり、編著者も和田喜三郎と別人である。発売禁止となった『西郷隆盛夢物譚』を、表紙と編著者名を変えて再度、出版したのだろうか。

この二種類の本は表紙と編著者が異なるものの、内容は同じである。

専門家による解明を待ちたい。

山本園衛は、同年に『西郷隆盛蓋棺記』も出版している。

『西郷隆盛蓋棺記』は巻一から巻五まであり、巻一は明治十年五月に発行されている。

同年五月に発行するためには、山本園衛は、西郷が西南戦争に出陣した同年二月頃から書き始めないと間に合わなかったはずだ。同年五月頃といえば、薩軍が田原坂の戦いに敗れた後である。薩軍は敗走していた。当時の西郷人気の高さがうかがえる。

続いて、羽田富次郎が明治十年十二月に『西郷隆盛一代記』を上梓している。

羽田は同年に『当世新聞集』も発行しており、この中で西南戦争のことも紹介している。

このほかにも『南洲詩文』、『西郷隆盛之伝』、『南洲遺稿』、『参考鹿児島新誌』など、明治十年に書かれた本が多くあり、西郷の生涯や功績などを紹介している。これらの本を原資料（底本）として数々の西郷本が書かれた。

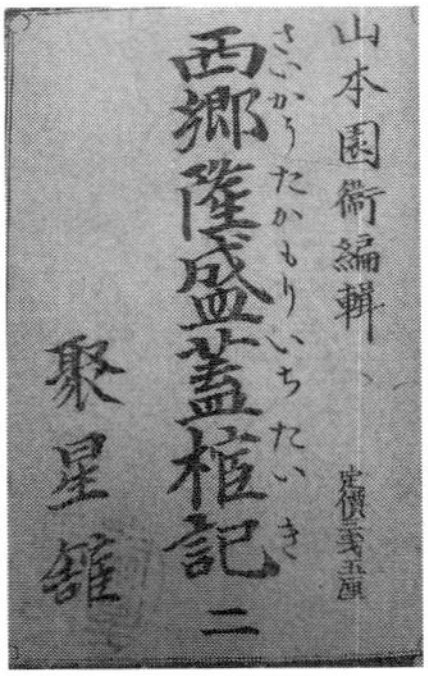

西郷隆盛蓋棺記

西郷隆盛一代記

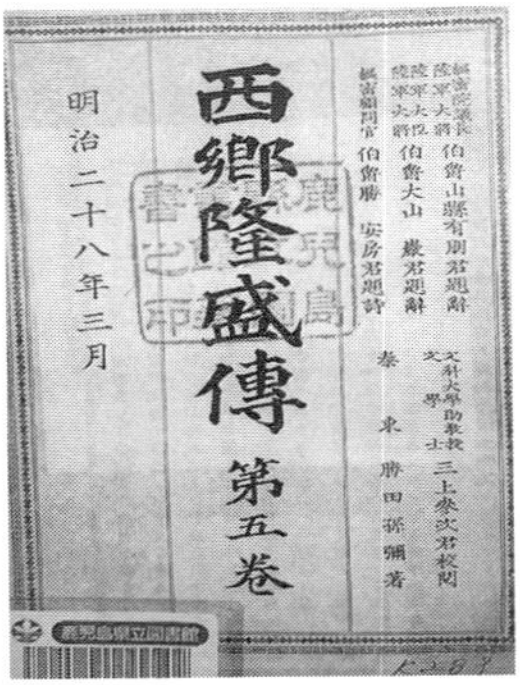

西郷隆盛伝

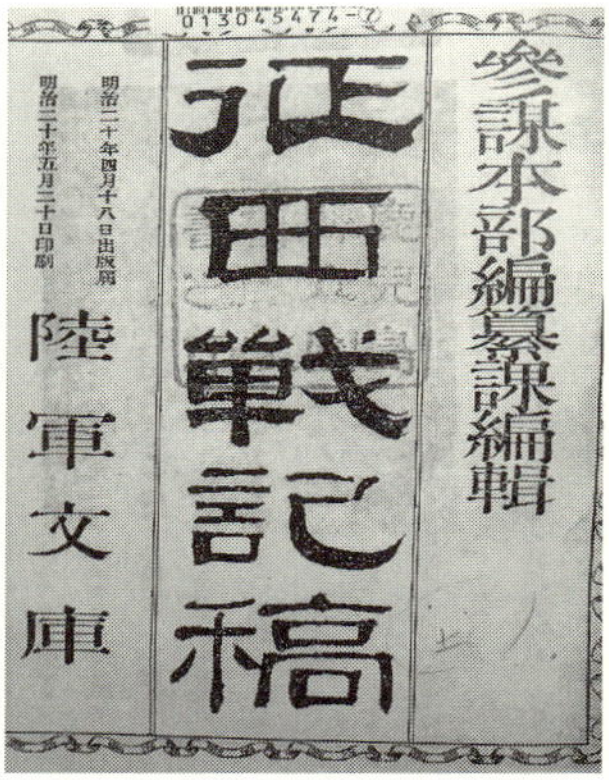

征西戦記稿

また、明治二十七年には勝田孫弥が『西郷隆盛伝』を上梓した。この本は第五巻まであり、山縣有朋、大山巌、勝海舟らが題字や題詩を寄せている。五年前（明治二十二年）の西郷の恩赦による名誉回復を受けて書いたのだろう。

また、西南戦争の記録本として書かれた『征西戦記稿』は、参謀本部が編纂したもので、陸軍文庫として現在防衛庁に保存されている。明治二十年五月の発行で、政府軍（陸軍）の動きを中心に西南戦争を記録した本である。この本は、西南戦争終結から十年後に出され、官軍の資料をもとに書かれた。政府軍のなかでの海軍の動きについては、『西南征討志』にまとめられている。

一方、薩軍の立場から書かれた書籍は、明治四十一年から明治四十四年にかけて黒龍会から発行された『西南記伝』がある。

西郷が恩赦により、賊人としての汚名を消されたのが明治二十二年。だから、この本も恩赦後に書かれ、出版された。

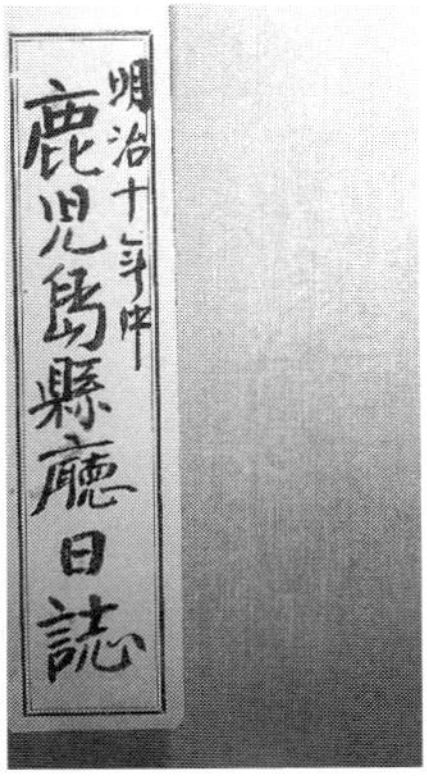

明治十年鹿児島県廳日誌

『明治十年鹿児島県廳日誌』は、鹿児島県令の岩村通俊が西南戦争の勃発から終結までを記録している。

これらの書籍資料に、従軍した人達の日記や当時の新聞記事を加えると、西郷隆盛の思想や西南戦争の真相に近づくことが出来る。

近年では、西郷隆盛に関する書籍は、徳富蘇峰の『近世日本国民史・第八十七巻他』、海音寺潮五郎の『西郷隆盛・全九巻』、林房雄の『西郷隆盛・全二十二巻』、井上清の『西郷隆盛上・下巻』、江藤淳の『南洲残影』などがあり、これらは史実をもとに描かれている作品だ。

このなかで、海音寺潮五郎の『西郷隆盛』は、西南戦争まで到達せずに未完で終わっており残念である。

海音寺氏の作品は、膨大な資料を綿密に精査して描かれている。

海音寺氏は、昭和五十二年十二月一日に心筋梗塞で亡くなった。『西郷隆盛』は昭和三十六年十月から朝日新聞で連載が開始された。亡くなるまでの十六年間、海音寺氏は『西郷隆盛』をライフワークとして執筆を続けた。

海音寺氏によると、明治維新以降、現在まで西郷ほど人気がある人物はいないが、西郷の行動は誤解されやすく、誤った伝説も多い。信用するに足る伝記は一冊もないという。

しかし、死後百四十年経った今でも、西郷好きの日本人が多いのは事実だ。

海音寺氏は、昭和四十二年一月に新潮社から上梓した『西郷と大久保』のあとがきで、「征韓論争で大久保が西郷の反対側に立ったのは西郷を政府から追い出すためであった」と明確に述べている。

しかし同じ新潮社発行の『西郷と大久保』（平成十七年九月発行四十刷）では、この海音寺氏の主張が削除されている。削除の理由は不明であるが、竹馬の友であった西郷と大久保の関係に配慮して削除したのだろうか。

海音寺氏の作品は丁寧に史実を追求しており、重厚で読み応えがあるだけに『西郷隆盛』が未完で終わったのは惜しまれる。

参考文献

『西郷隆盛夢物譚』　明治十年、山本園衛編著、聚星館

『西郷隆盛蓋棺記』　明治十年、山本園衛編著、聚星館

『明治十年鹿児島県廳日誌』　明治十年、岩村通俊

『西郷隆盛一代記』　明治十年十二月、羽田富次郎

『南洲詩文』	明治十年、三宅虎太編、文会堂・柳心堂
『西郷隆盛之伝』	明治十年、三宅虎太編、和泉屋市兵衛
『南洲遺稿』	明治十年、楢崎隆存編、北尾萬三郎
『参考鹿児島新誌』	明治十年、和田定節編
『征西戦記稿』	明治二十年五月、参謀本部
『西郷隆盛伝』	明治二十七年、勝田孫弥、西郷隆盛伝発行所
『西南記伝』	明治四十一年、黒龍会
『西郷と大久保』	昭和四十二年、海音寺潮五郎、新潮社

第四話
福沢諭吉（慶応義塾）と大隈重信（早稲田）の西郷観

中津藩（現大分県中津市）出身の思想家であり、教育者の福沢諭吉。佐賀藩出身の政治家であり、教育者の大隈重信。この二人の西郷観は具体性があり興味深い。

福沢は西郷の理解者だったことが著書『丁丑公論《ていちゅうこうろん》』の論文でわかる。一方、大隈は著書『大《おお》隈伯昔日譚《くまはくせきじつたん》』や『早稲田清和』で西郷の性格や日常などを紹介している。

『丁丑公論』は西南戦争直後に書かれ、明治三十四年に公表、『大隈伯昔日譚』は明治二十八年に発行された。これらの書籍は西郷の人物像を探る大きな手がかりになる。

福沢諭吉が明治十年十月（西南戦争終結直後）に書いた『丁丑公論』は、長い間福沢家の書庫に眠っていたが、西郷没後二十四年経った明治三十四年二月、時事新報に掲載され、公表された。『丁丑公論』の要旨を紹介する。

福沢は冒頭で、西郷を賊人として政府が認定した日から西南戦争終結までの新聞報道を、痛烈に批判した。「新聞記者は政府の飼い犬に似たり」と題されたその内容は、新聞報道はまさに国の許可を得て人を誹謗したものだと指摘している。

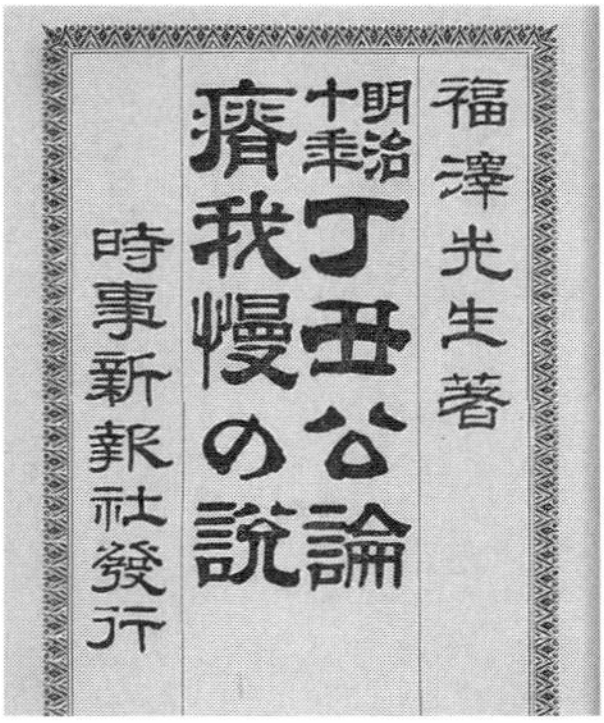

丁丑公論

新聞記者に対しては、西郷らの行動を論評する際、条例を恐れて、論理を極めずただ遠回しに所見を述べていること、西郷の心情を斟酌することなく、心の底から西郷を憎み私怨があるのかと疑われるほどの記事であること、などが書かれている。また評論家に対しても、政府に媚びを売り、西郷を賊人扱いして心の底から憎み戒めようとしているとして、物事の是非を判断する能力がなく愚かである、と断罪している。

また福沢は、私学校党の大義名分にも言及し、西郷らの行動に対して次のように理解を示している。

西郷らの大義名分は今の政府に対しての大義名分であり、国の道徳や品行を害したものではない。官軍は「義のために戦う」といい、賊兵（薩軍）も「義のために死ぬ」という。その心は両者同じである。だから西郷は賊人ではない。

今の政府は、西郷とともに旧幕府を倒したものであるが、この行為は国賊にあたるのではないか。しかし、世論はこのことを「賊」と言わずに「義」というのはなぜか。

西郷は政府の転覆を企てることを二度おこなった。一度目は徳川幕府を倒した。二度目は西南戦争だ。一度目では西郷を忠義の人、二度目の西南戦争では賊人、と称した。これらは何を基準に判断するのか。


福沢の西郷擁護の主張は続く。

私学校党が決起した原因は、明治六年に西郷や桐野らが征韓論で敗れ、鹿児島に帰った時に始まる。この時、西郷や桐野は辞職でもなく、免職でもなく、また近衛兵ら数百人も法に触れることなく公然と東京を去ったが、政府はこれを制止せず黙認したではないか。

その様子はまさに、陸軍大将の西郷隆盛が兵隊を指揮して鹿児島へ行く、という状態であった。

その証拠に政府は、鹿児島に帰った西郷に月給を与え続けたではないか。

政府は西郷をはじめ数百人の近衛兵らが鹿児島に帰るのを許し、彼らに給与を与え続けたではないか。

さらに政府は、武器製作所を鹿児島に設け、その仕事を鹿児島の士族たちに付与した。これらの事実は、政府に対して対立の思いを起こさせるのは必然である。だからこれらは、政府が作り出したものといわざるを得ず、西南戦争の原因は政府にある、といえる。政府は西郷を死なせたのではなく、西郷を殺したというべきであろう。

西郷の死後しばらくの間、政府を批判したこの論文を福沢が公表できなかったのはうなずける。

西郷が賊人の汚名を消された後、福沢は論文を公表した。

一方、福沢の処世術について、山田風太郎は『明治小説全集・四』のなかで、川路大巡察（この時期はまだ警視庁が創設されておらず、大警視ではない）が同僚と福沢に関して話した会話の内容を紹介している（同書、二百三十一頁参照）。

～前略～

同僚　それ、例の福沢さんな

川路　福沢諭吉どんか

同僚　左様。あの先生、だいぶ前から三田の島原藩邸を払い下げてもらうように政府には働きかけておったが、とうとう目的を達してこの三月、塾を三田に引っ越したそうだ。しかも一万四千坪（一万二千坪の間違い）をたった五百何十円か、その金を強引に東京府庁に置いていったという

川路　ほう

同僚　かんじんの島原藩のほうじゃ、頭越しに自分の屋敷が払い下げられて大立腹、青筋たてて福沢にかけあったが、福沢はあごをなでて、自分は政府から払い下げてもらったのだから、文句は政府に言ってくれ、とはねつけたという。福沢さんは、少々タチがよくないようだな

川路　島原藩は気の毒じゃのう

同僚　どうやら近いうちに藩そのものが無くなるようで、そこを福沢は見透かしたのだろう。政府を手玉にとるだけでも、福沢は一種の特権者だ。私はこういうことも黙って見逃すわけにはいかんと思うがどうだ

川路　同感じゃな

～後略～

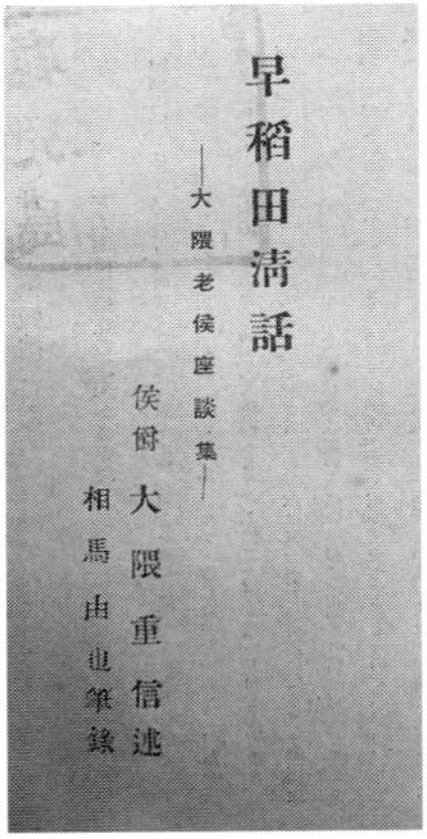

早稲田清話

慶応義塾は、三田の島原藩の中屋敷だった敷地（二万二千坪）を明治新政府から払い下げられた。その島原藩屋敷は、薩摩藩の三田屋敷と近接している。

中津藩出身の福沢は、西郷の尽力で島原藩屋敷を手に入れ、慶応義塾を創設したのだろう。

一方、大隈と西郷は明治六年の政争（いわゆる征韓論）で対立したが、大隈は著書の『早稲田清話』で、西郷の日常を次のように語っている。

西郷の出勤ぶり～抜粋～

～前略～内閣は昔の江戸城内にあり、将軍が大名を謁見した大広間だった。お昼前だけは皆が首を集めているが、別に休憩所があった。お昼になると弁当を食いにそこへ行く。西郷や板垣は、弁当となるとサッサとそこへ引き上げてしまう。それから後、二人は雑談をして一切内閣には来ない。用があり呼びに行っても容易には顔をださない。

何の話をしているかと言えば、二人とも好きな戦争の話や相撲の話、そうでなければ狩猟談である。くだらん話にうつつを抜かし、他愛もなく半日を過ごしている。西郷は素朴な人だが、魚採りの道具は贅沢で投げ網も大小さまざま持っていた。いかにも政治のことが面倒でならなかった。

西郷は私に、君は政治が好きなようだから万事、君に任せる。君のすることには何の意義はない。印鑑を渡しておくから必要な時は押してもらいたい。

だから西郷の印鑑は私が預かっていた。西郷は雑談が終わるとそのまま自宅へ帰っていた～後略～（『早稲田清話』三百九十四頁参照）。

金の要らぬ西郷～抜粋～

西郷も人間だから、当時の人間がしていたことは矢張りやっていた。茶遊びも女狂いもした様だったが、それは維新前までの事で、維新後はそのような噂はあまり聞かなくなった。

贅沢と言えば魚網、鉄砲、猟犬に金を惜しまなかった。当時五十円もあれば、これらの遊びはできたが、西郷（参議）の月給は六百円だった。月給は部下の書生らにやっていたが、大部分は弟の従道の遊興費に使われてしまったと思う（『早稲田清話』三百九十七頁参照）。

大西郷は素朴～抜粋～

西郷は身始末が良かった。身体は肥満で西ノ梅（横綱）と変わらなかった。性格は、世間で大西郷と呼ぶほど堂々とした英雄であるが、着物は普通にござっぱりしたものを着て、汚れたものは着けていなかった。西郷の地位からみれば粗末な着物で主に木綿の着物だった。着物はだらしなく着ていた（『早稲田清話』二百八十四頁参照）。

また大隈は、明治六年の政変で、「西郷や板垣らは征韓論を主張したのではなく、使節派遣を主張していたのに、いつの間にか征韓論に変わっていった」と証言している（『大隈伯昔日譚・二』六百九十三頁参照）。

さらに、大久保が「西郷との間に支吾（行き違い）が生じた以上は、両人刺し違えて死する外なし」と、ため息交じりに語ったことも紹介している（同書、六百九十七頁参照）。

大隈は西郷と直接接触していた人物だっただけに、『早稲田清話』や『大隈伯昔日譚・二』

で紹介されている西郷観は、まさしく実像であろう。

早稲田精神高揚会に所属していた著者の友人は、「鹿児島の私学校は西郷が創り、早稲田は大隈が創った私学校である」と語っている。

歴史を振り返ると、西郷も大隈も政変で下野して私学校を創設した（本書、二百二十六頁参照）。

参考文献

『大隈伯昔日譚・二』　明治二十八年六月、東京大学出版会
『早稲田清話』　大正十一年七月、大隈重信、冬夏社
『福沢諭吉全集・第六巻』　昭和三十四年、慶応義塾
『山田風太郎明治小説全集・四』　平成九年八月二十日、筑摩書房

第二章　征韓論の真相と二人の関係

第五話
征韓論の舞台裏

征韓論の舞台裏は、西郷隆盛と大久保利通の対立をはじめ、薩摩人と長州人の人間関係、岩倉使節団に参加した人と留守政府を預かった人、世界情勢の認識の差異などさまざまな要因により、駆引きや策略、見せかけの芝居が展開された。

歴史学者の井上清が書いた『西郷隆盛・下巻』には、これらの事案が具体的に紹介されており興味深い。無私の人、西郷隆盛の無策が、策略を練る大久保の戦術に敗れた、と井上清は分析している。

検証『西郷隆盛・下巻』

西郷を追放する大久保の倒閣工作は、岩倉使節団として帰国した時から具体的に始まる。以下は、『西郷隆盛・下巻』から抜粋して紹介する（同書、百八十八頁参照）。

　実際に帰国してみると、予想以上の西郷派の勢力である。大久保は三条太政大臣から「参議に就任されたい」と再三要請されても受諾せず、岩倉使節一行が帰国するのを待って、一挙に西郷・板垣派と決戦する。それまでは「泰然として傍観」することにした。

大久保が倒閣工作の戦術として参議就任を拒否した経緯については、司馬氏も『翔ぶが如く・第二巻』で紹介している（同書、二百六十一頁参照）。

大久保と木戸は、明治六年三月～四月にかけて、政府からの帰国命令を受けていた。

大久保が帰国したのは明治六年五月二十六日で、木戸が帰国したのは約一カ月遅れの同年七月二十三日。そして、岩倉使節団が帰国したのは同年九月十六日。太政大臣三条実美が大久保

明治六年三月、パリでの鹿児島県人会出席者（中央が大久保利通）。
上段左から黒岡帯刀、川島醇、村田新八、川路利良、大山厳、岩下長十郎、
中段左から中井弘、岸良兼養、大久保利通、新納竹之助、高崎正風、川村純義、
下段左から末川久敬、安藤尚五郎、前田正名、堀宗一

らへ帰国命令を出したと思われるが、西郷はこのような水面下の動きを知らなかったのかもしれない。

木戸は、参議でありながら帰国後に閣議に出なかった。にもかかわらず、征韓論反対の意見書を、帰国から一カ月も経たない八月十八日に、三条実美へ提出している。

大久保は帰国後に参議就任の要請を受けた。しかし、帰国したにもかかわらず、箱根で遊んだり、富士山に登山したりしている。

参議でないと閣議には出席できないが、参議就任前に岩倉、伊藤らと根回しの時間が必要だったのかもしれない。

大久保は時間を稼いでいたのだろう。

ところで、大久保は帰国前の明治六年三月

岩倉使節団の主なメンバー（反西郷派）。
左から木戸孝允、山口尚芳、岩倉具視、伊藤博文、大久保利通

に、パリで鹿児島県人会を開催している。岩倉使節団に参加した薩摩人十六人が集まったが、これは大久保の帰国時期と繋がり、帰国送別会であったと思われる。その時の出席者の集合写真が残されている。大久保は薩摩人の大山巌、川路利良、村田新八らの帰国を待っていたのかもしれない。大久保は、「本当に信頼できるのは薩摩人である」と信じていたのだろう。

大山、川路は、帰国後水面下で大久保に協力し、西郷の朝鮮への使節派遣を阻止する。

ただ、遅れて帰国した村田だけは西郷を追って鹿児島に帰った。

井上清の『西郷隆盛・下巻』に戻る。

この間に征韓派はとうとう西郷遣使を決定し、天皇の裁可までとりつけてしまった。

そこへ大久保、木戸が待ち望んでいた岩倉ら使節団一行が帰ってきた。岩倉はすぐに三条と話し合い、伊藤博文と黒田清隆を奔走させ木戸と大久保を和解させた。

岩倉と木戸は大久保を参議にして留守政府の決議をくつがえそうとする（同書、百八十九頁参照）。

木戸と大久保は欧州に滞在中、対立し口も聞かない仲だったといわれる。長州と薩摩の有力者二人の渡欧。木戸にとっては二回目だったが、大久保は初めての渡欧だった。二人の世界観や政治観の違いが対立を生んだと思われる。しかし、西郷追放で二人は一致した。二人は征韓論反対という大義名分で、西郷内閣の倒閣工作を進めた。西郷を政権から失脚させるのが、木戸と大久保らの共通目的であったと思われる。

井上清の『西郷隆盛・下巻』に戻る。

大久保の水面下工作と戦略

大久保はこれまでの体験で、三条はもとより岩倉でさえ最後の土壇場でどう変わるかわからないのを警戒し、彼らが征韓派と徹底的にたたかう腹を強めさせるために、参議就任を断り続けた。

明治六年十月八日の夜、大久保は岩倉に「すべて自分の方針どおりにするという決意を、口頭でなく文書で明朝十時までに渡されたい」と申し出て、その確認を得て初めて参議就任を承諾した（同年十月十二日就任）。

反征韓派の陣容はここに整った。三条もすでに大久保の側に傾いている。

西郷は、岩倉が帰国しても、いっこうに閣議が開かれないのを憤り、三条にしばしば閣議開催を促した。三条や岩倉は、大久保が参議に就任しないうちは不利であるとみて、言を左右にして閣議を開かなかった。

西郷の朝鮮への出発の日（九月二十日）も空しく過ぎ去った。西郷はあせった。西郷は九月二十一日、薩摩派の武官を集めて会議し、すみやかに軍部の論を定めて軍部から政府を責め立てようとした。しかし西郷の弟の陸軍大輔の従道すら、狐疑《こぎ》深《ふか》く（疑い深く）違変の策（約束が違う策略）をめぐらそうとしていた。またこの席（九月二十一日の会議）には黒田清隆も出ているが彼は大久保の手先であった。

そもそも西郷の征韓論は近衛兵と士族を外征に破裂させるためであったから、西郷はこれまで陸海軍の首脳部には征韓論について何の連絡もしてなかった。八月十七日の閣議がいったん征韓を決定した時、陸軍卿の山縣有朋は函館にいたが、西郷従道陸軍大輔からの公信に接して、事の重大なのに驚いたような始末である。海軍卿の勝海舟も何も知らされていなかった。勝は十月に、三条から征韓と聞いてびっくりし、とても海軍にはその力はないと答えた。

十月になった。閣議はなおも開かれない。十二日に予定されていた閣議もまた引き延ばされた。

西郷はたまりかねて三条に手紙を書き、閣議の引き延ばしを重ねるのを責め、すでに御裁可を得ている遣使の議を万一にも変ずるならば「天下の為勅命軽き場に相成候間（天皇の命令が軽い存在になるでしょう）」、決してそのようなことはないと信じると念を押した。さらに「もしや相変じ候節は（もし考え方が変わった場合には）実に致し方なく、死を以って国友（同郷の友人、近衛兵や士族）へ謝し候までにござ候。その辺のところ何とぞ御憐察（あわれみ思いやる）成下し置かれたく」と脅迫した。

西郷が自決して国友に謝したならば、ただちに国友は反乱するであろう。

三条は動揺した。大久保の参議任命が発令された。岩倉らは西郷派の顔を立てるためか征韓派の副島も参議に任命し、決戦の閣議は十四日と決定した。

ようやく閣議開かれる

十四日の閣議では征韓派は西郷、板垣、後藤、江藤、副島の五人の参議、反対派は岩倉右大臣と大久保、大隈、大木の三人の参議、木戸は病気と称して欠席、三条太政大臣は岩倉よりである。岩倉がまっさきに樺太問題を持ち出し、その解決が朝鮮遣使より先だという（同書、百八十九〜百九十二頁参照）。

井上清は、この時の閣議の様子を、『西南記伝・上巻』から次のように引用している。

西郷はこれに反論し「樺太は日露両国民の雑居の地で私人どうしの紛争であるが、朝鮮は政府が政府に無礼を加えたので、こちらがはるかに重大事である。すみやかに海外に兵を構える策を立て朝鮮満州の地方を侵略すべし」と主張したと、西郷の第一の子分である桐野利秋が、明治八年、石川県の士族石川九郎らに語っている（『西南紀伝・上巻一付録』参照）。

大久保が欧州から帰国後、西郷と会談した記録は残されていない。『大西郷正伝』や『西南記伝』にも、大久保帰国後の二人については書かれてない。

しかし、大久保の帰国直後（明治六年六月前後か？）、西郷は子爵の高島鞆之助（旧薩摩藩士族）を連れて大久保邸に遊びに行ったことが雑誌『日本及び日本人』に紹介されている。

それによると大久保が西郷に「君も時々内閣に出て、下の者へ仕事を命令すれば良いのに……」と言ったことに対して、西郷はムッと立ちあがり帰ってしまったと書いてある。これが二人の私的な交流の最後になった（同書、百十九頁参照）。

一方、江藤淳は『南洲残影』で次のように書いている。

大久保が欧州視察を終えて帰国して、「これからは殖産興業、富国強兵でやる」と言った時、西郷は「大久保さぁ、それは違う」と言って鹿児島に帰ってしまった（『南洲残影』二百三十七頁参照）。

西郷が「大久保さぁ、それは違う」と発言したのは、明治六年十月十四日の閣議の場であった。

だから板垣や大隈らの前で、西郷と大久保の対立が表面化したことになる。

井上清の『西郷隆盛・下巻』に戻る。

閣議は十五日に持ち越された。西郷は欠席である。身体の具合が悪かったかもしれないが、この欠席は彼の精神的な弱さを表している。この日の閣議で大久保が熱弁をふるって理路整然と反対した。その論点は七つ。第一はまだ政府の基礎が確立せず、不平士族や頑民（道理をわきまえず、人の言うことを聞き入れない人民）が、いつどんな変をおこすかもしれない時に外戦をおこすべきではない。第二は財政は現在すでに赤字であるのに、膨大な戦費を支出すれば、経済は混乱し外債は増大し、大いに人民の苦情を発しついに擾乱をかもす。

大久保は舌鋒するどく論じたてた。

これには誰も正面から反論できない。

板垣や副島はただ「西郷の見込み（考え）に任すべし」と言うだけで、その間、士族の反乱をにおわせた。

大久保は士族の反乱よりも朝鮮戦争などを起こせば、そのために窮迫する人民の蜂起が天皇政権を根底からおびやかすことを恐れていたので、士族反乱の恫喝などにはたじろがなかった。

しかし三条と岩倉は動揺した。

井上清は、この時の閣議の様子を『大久保利通日記・下巻』からも引用している。

どんでん返しの秘策

会議は休憩に入り、その間に三条と岩倉は相談し「実に西郷進退に関わり候ては御大事につき止むを得ず、西郷の見込み（考え）の通り任せ候」と決定した。

こんなことにならないかと予想すればこそ、大久保は参議就任の際、岩倉から念書をとっておいたのだがやっぱり公卿はだめだったのか大久保は口惜しくてすぐ辞意を表明し、十七日に三条邸で辞表を手交した。

木戸、大隈、大木もいっせいに辞表を出した。しかし大久保の辞意は表面だけでのことで、彼はなおも岩倉をはげまし、大隈、伊藤、黒田らを各方面に奔走させて、どんでん返しの「秘策」をねった。

十七日は閣議の日で、十五日の結論を上奏して裁可を受けるはずであった。岩倉はわざと閣議を欠席した。木戸と大久保の辞表提出組もむろん欠席で、集まるのは三条と西郷ら征韓派の五参議のみ。西郷は三条に早く上奏せよとせまったが、三条は岩倉の出席を待つと言い、一日だけの猶予を求めた。

西郷らはそれを承認した。この一日がどんなに重要であったことか。

西郷らはすでに、十五日即座に上奏裁可を求めないという重大な誤りをおかし、いままた決定的な誤りを犯した。

十七日の夜通し、三条は懊悩煩悶《おうのうはんもん》（悩みもだえること）、十八日朝、にわかに脳病を発し、参内上奏は不可能になった（ということにしたのである）。

この日三条も辞表をだした。

大久保はひそかに、してやったりと思った。

十九日、大久保は黒田に「秘策」をさずけて宮内少輔の吉井友実と何事か相談させた。

翌二十日、天皇は三条邸に臨んで病を見舞い、ついで岩倉邸に行き、岩倉に太政大臣代理を命じた。なんという「秘策」。「玉」をにぎる宮廷陰謀の極意である。

二十二日、西郷や江藤らは岩倉を訪ね「早く閣議決定を上奏せよ」と迫るが、岩倉は「余は三条公ではない。余には余の考えがある」とつっぱねる。江藤が、代任者は原任者の意を忠実に実行すべきとつめよったが、岩倉は余は三条公ではないと繰り返すのみ。

西郷らは「玉」をにぎった岩倉、大久保らに、してやられるのである。

大久保の秘策

大久保が考えた秘策を裏付ける記録が、自ら記した『大久保利通日記』に残されている。

それによると、明治六年十月十八日～十九日にかけて、大久保邸で形勢を挽回する秘策が練られた。

また、『大久保利通日記』の八巻には、同年十月十九日土曜日、大久保邸に松方正義、西郷従道、岩下方平、黒田清隆の四人が集まった、とある。すべて薩摩人である。

日記には、「～前略～ヒトツノ秘策アリ。コレヲ談ス。同人、之ヲ可トス。吉井ニ申入置候」と書かれている。

吉井とは吉井友実のことで、当時吉井は宮内大丞の役職にあり、天皇に近い立場にあった。

吉井も、西郷と同じ加治屋町（現鹿児島市加治屋町）の出身である。

吉井は秘策の検討会には参加しておらず、大久保、松方、西

吉井友実

郷（従道）、岩下らの秘策を岩倉に伝達しただけであろう。

吉井は西南戦争では政府側の立場であったが、西郷没後の一年祭には極秘で祭礼をおこなった。西郷の賊人としての汚名がまだ回復されていない時期、西郷を供養する祭礼を、吉井は毎年続けたのである。

そして、東京の上野公園にある西郷銅像の建立にも、発起人代表として吉井は名を連ねた。


西郷は、この日（明治六年十月十七日）の夜、三条邸を訪れた。

三条が、深夜に西郷を呼び寄せたのである。三条邸と西郷邸は、徒歩十分位の距離にある（百三十三頁地図参照）。

『大西郷正伝・第三巻』によると、三条は岩倉らの考え（征韓論反対）を伝えたが、西郷の意思は固く動かず、暁まで議論が及んだ、と書いてある。

西郷は、天皇の裁可を得るため、徹夜で交渉を続けていたと思われる。

一方、大久保は三条の脳病（三条はその後、約二十年間政治の舞台で活躍するので、脳病は芝居であり、頭痛のことではないかと思われる）を理由に閣議を欠席させ、天皇に三条邸を訪問させた。

そこで、三条に代わり岩倉を太政大臣代理につかせ、「岩倉が西郷の征韓論を認めさせない

団々珍聞の創刊号表紙

黒田清隆

というシナリオ」を作った。そして、このシナリオを黒田や吉井に指示したのであろう。

黒田も吉井も、これまで西郷を師と仰いできた薩摩藩士である。この二人も反西郷で動いた。

西郷没後、吉井は西郷の供養を続け敬愛していたが、黒田は西郷をどのように偲んでいたかわからない。

西郷は、明治二十二年に恩赦されるまでは、賊人であった。

このため、黒田は表立って西郷を崇拝しにくい立場であったのかもしれない。

ところで、黒田は明治二十一年四月に第二代総理大臣に就任するが、明治十一年三月に、妻の清が亡くなっている。

清の死亡は当時の新聞「団々珍聞」に、「黒田が殺害した」と書かれた。殺害の動機は、懇意にしていた芸者との仲を清から責められ、逆上し日本刀で殺害したというものであった。

この殺害事件のもみ消しを図ったのが、川路利良大警視であったといわれている。


井上清の『西郷隆盛・下巻』に戻る。


二十三日、岩倉は閣議決定事項とは反対に征韓不可、大使派遣無用の私見を上奏し裁可を得た。

西郷はただちに参議、近衛都督、陸軍大将のすべてを辞する表を出した。翌日、板垣、後藤、江藤、副島も辞表を出した。

大久保は完全に目的に達した。

彼は単に征韓論を葬るだけではなく、西郷派に言いたいだけ言わせて、のっぴきならぬ事態を発展させ、西郷らを征韓論と心中させて永久に政界から追放しようとしたのである。

西郷らの辞表は、待ってましたとばかりに二十四日受理された。ただし西郷の陸軍大将の辞表は許されず、位も元のままであった。

一方、大久保らの辞表は却下された。

大久保はこの日早くも岩倉、大隈、伊藤とともに組閣に着手し、参議が行政各省の卿を兼ねることができるようにして、官制を改革することが発令された。

あざやかな手際というほかはない。

これにより、大久保を党首とする「官僚独裁専制体制」が急速に、みごとに構築されていく。

これで、大久保の倒閣工作と西郷追放が実現した。この時、大久保は四十四歳。

かつては竹馬の友だった西郷を追放するぐらい、二人の関係は冷え切っていた。

明治四年～六年までの二人の動きを振り返ると、西郷は、明治五年十一月から鹿児島に帰っていたが、翌年の明治六年四月五日には東京に戻ってきた。その約五十日後の五月二十六日に、大久保は欧州視察から帰国している。しかし、二人が会談した記録はない。

大久保が岩倉使節団として欧州視察に出発したのは、明治四年十一月七日で、約一年半大久保は日本にはいなかった。

征韓論（真実は朝鮮への使節団派遣）が、閣議で本格的に議論されたのは、明治六年六月十二日。

この時、西郷は参議であったが、大久保は参議ではなかった。大久保が参議に就任したのは、同年十月十二日、三条実美と岩倉具視の推薦によるものだった。

一方、八月十七日の閣議で、西郷は朝鮮への大使として内定していた。

三条は同日、箱根の行在所へ行き、明治天皇へ閣議の内容を奏上した。

『大西郷正伝・第三巻』によると、「天皇は、岩倉大使が帰国後に熟慮して、再度奏上するように仰せられた。三条は翌日（十八日）東京へ帰り、勅旨（岩倉帰国後に再度奏上）を西郷へ伝えた」と書かれている。

この時、天皇は二十二歳。即位してまだ五年。

天皇が三条に伝えた勅旨は、真実だろうか。

実はこの時、大久保は箱根にいたのではないだろうか。

その形跡を示す記録が『甲東逸話』に書かれている。

それによると「八月十六日、甲東賜暇を得て箱根に赴き……以下略」とある。

三条が箱根の行在所へ上奏に行った時、大久保も箱根にいた。

二人は、天皇への上奏の前後にどこかで会い、密議を諮ったのではないだろうか。

大久保は西郷が朝鮮への使節になることを事前に察知し、西郷が遣朝大使として内定する前日に箱根に向かったことが考えられる。

その後、大久保は箱根や関西で約一カ月過ごし、九月二十一日に東京へ戻った。

少なくともこの時までは、西郷と大久保は会っていない。

西郷は、辞表を出す前に近衛都督を任命されていたから、「反対すると近衛兵が動くぞ」と見せかけだけでも近衛兵を蜂起させる手段をとれば、大久保らの戦術に打撃を与えることになったかもしれない。

しかし、西郷はその手段はとらず、大久保らの戦術に敗れ、鹿児島に帰った。

明治二十八年に発行された『大西郷正伝・第五巻』には、西郷が征韓論に敗れ、陸軍大将などの辞表を提出した明治十年十月二十三日から、鹿児島に帰るまでの日々が書かれている（同書、百一頁参照）。

同書を現代訳すると、

「西郷は、明治十年十月二十三日、誰にも会うことをせず直ぐに従者と下僕《しもべ》（熊吉のことか）を従え、編み笠をかぶり猟銃を携えて自宅を出て、船に乗るため隅田川の入り江へ向かった。しかし、下僕に、すぐに帰って自宅を引き払い、決して居所を漏らさぬように命じた。西郷は船に乗り川を遡って、枕橋で下船し上陸した。西郷は船の中では正座して一言もしゃべらなかった。そして小梅村（現東京都墨田区向島周辺）の越後屋の別荘に隠れた。

越後屋の別荘に到着すると、きっぱりと覚悟したように談笑した。ある時は漢詩を揮毫《きごう》したり、釣りをしたりして楽しんだ。西郷はここに三日間だけ滞在したが、黒田清隆だけが二十四日の夜に来訪し、他に気付く者はいなかった。そして、二十八日には帰郷の途につくため別荘を出発。大阪に着いた時、今度は堺県令の税所篤が旅館に訪ねてきた。税所らと談笑している時、政府の会議の事情を聞かれたが、西郷は『大久保が政府に留まっているので大久保に聞いてくれ』と答え、敢えて国事のことには触れることはなかった。そして、その数日後に鹿児島に帰郷した」

司馬遼太郎の『翔ぶが如く・第三巻』でも西郷が東京を離れる時の様子が描かれている（同書、九十五〜九十九頁参照）。

それによると明治十年十月二十三日、西郷は突然大久保邸を訪ね、「大久保にだけ鹿児島に帰ることを伝えた」という内容になっている。

西郷が、「あとのことは、よろしゅう頼ンみやげもす」と大久保に告げると、大久保は「吉之助ドンはいつもこうだ。大事な時に、お前さあは逃げなさる。後始末は俺がしないとならない。もう知った事か」と強く怒ったという。

司馬氏によると、「この日が二人の永遠の別れとなった」としているが、真実の「永遠の別れ」は十月十四日の閣議の場であると思われる。

西郷が辞職し、鹿児島に帰る（同年十月二十三日）までの約一週間に、西郷と大久保が会談した、という記録は残されていない。前述の『大西郷正伝・第五巻』に描かれていることが事実ではないだろうか。

大久保は、当時、東京都麹町区（現東京都千代田区）三年町三番地に住み、西郷の邸宅も永田町一丁目（現東京都千代田区）にあった。

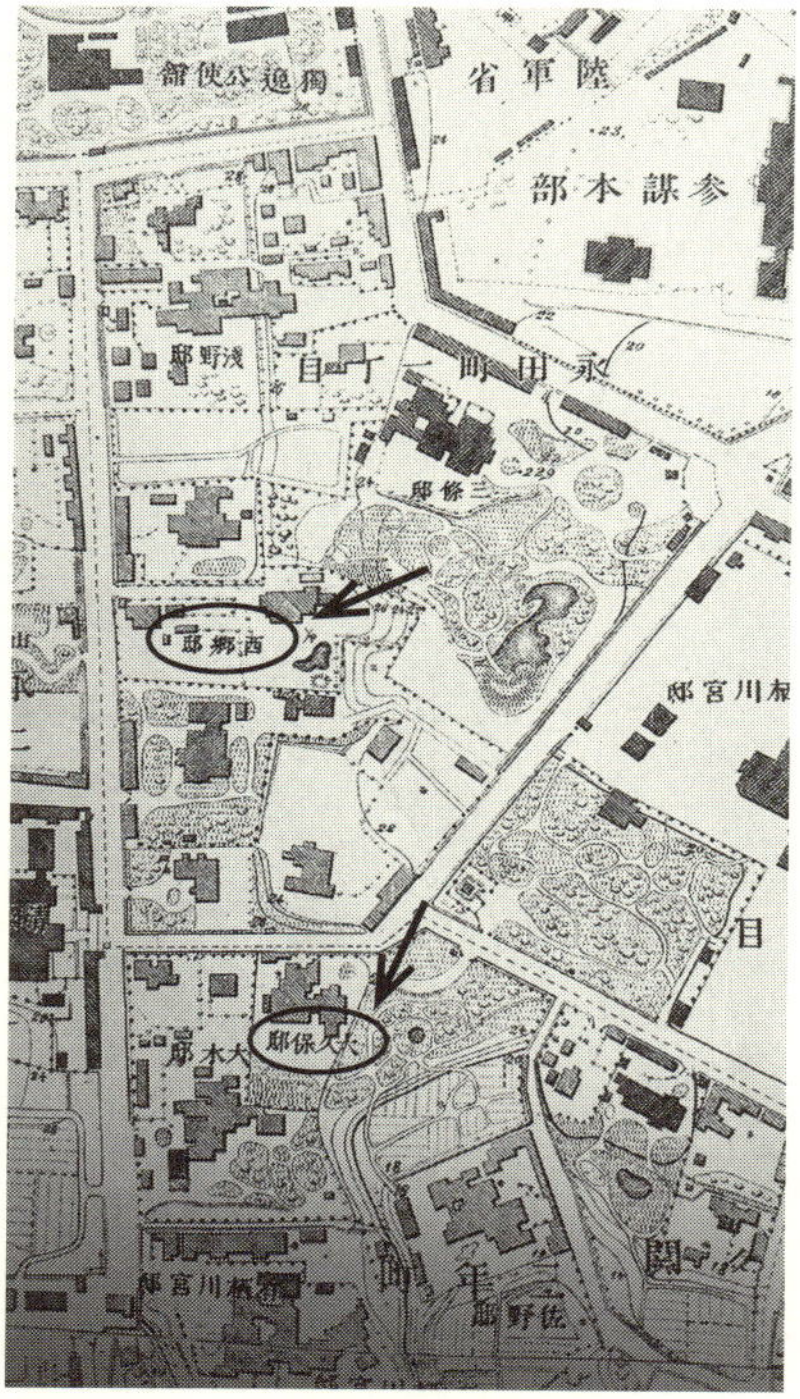

当時の地図。中央左に西郷邸、その下に大久保邸の文字

大久保邸（三年町三番地）

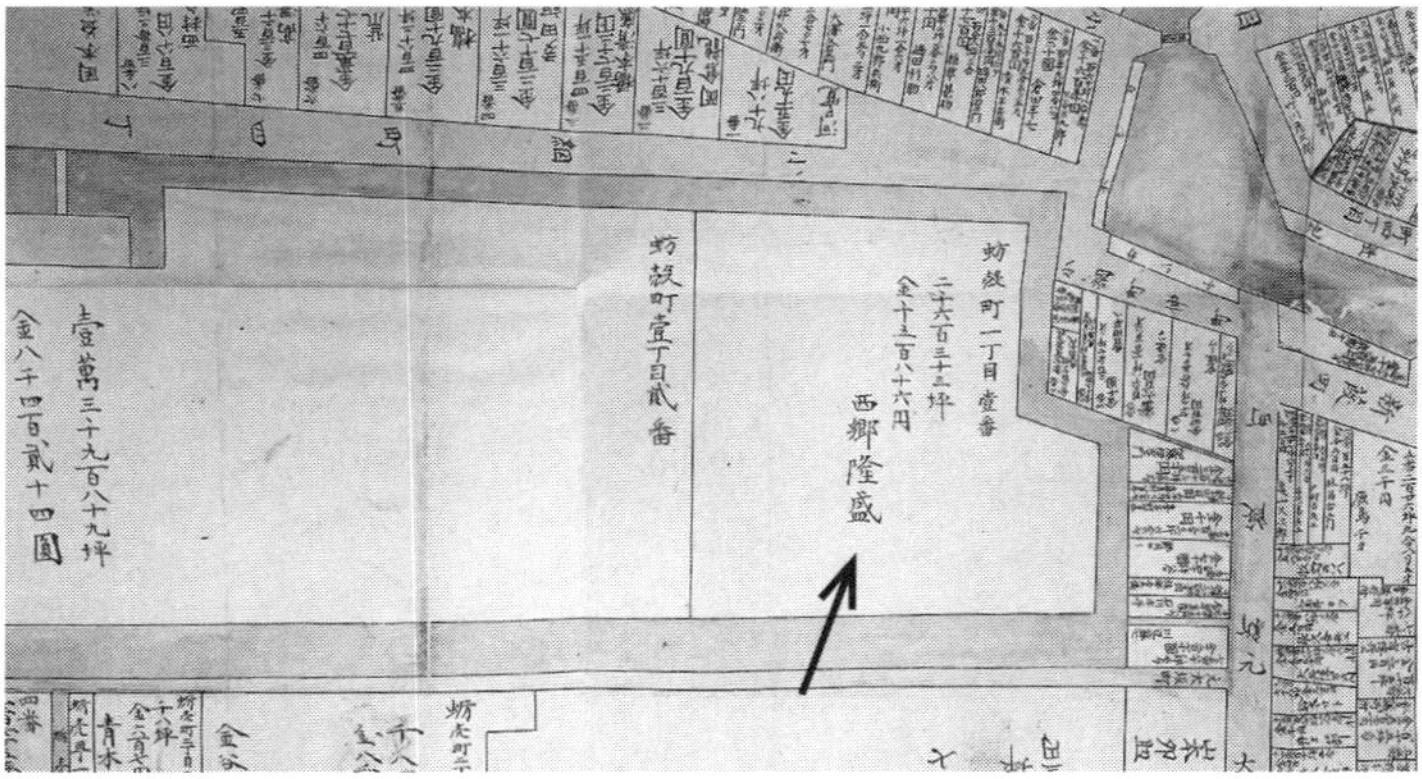

西郷隆盛が表示されている当時の住宅地図

二人の邸宅は、歩いてわずか十分程度の距離である。

にもかかわらず、二人がこの一週間に会ったという形跡は見当たらない。記録も残されていない。

ところが西郷は、江戸日本橋川近くにも寓居《ぐうきょ》を持っていた。

明治十年十月二十三日、辞表を出した西郷は寓居に戻ったのかもしれない。

この寓居の所在地は正式には蛎殻《かきがら》町で、小網町に隣接していた。

当時の住宅地図には西郷隆盛という文字が記されている（上記地図参照）。

司馬氏によると、西郷は、十月二十三日午前八時ごろここを出て、同日の午後に向島の越後屋の寮についたと記されている（『翔ぶが如く・第三巻』九十六頁参照)。

西郷の帰郷に関しては、山田風太郎も『警視庁草紙』で描いている。このなかで、大警視川路利良が西郷の動向を探るため、秘かに部下に尾行させていたと書いてある。これは小説の世界の作り話であろう。

ところで、西郷の辞表提出に伴い、翌日には参議の副島、板垣、後藤、江藤のほか、近衛将校の桐野利秋、別府晋介らも辞職したため、人心が大きく動揺した。

それを抑えるため、天皇が近衛将校に対して伝えた勅語は次の内容であった。

「西郷正三位　病気に付き辞表の趣在るため、参議、近衛都督等の地位は差し戻し、陸軍大将の地位はこれまで通りと申し付けた。国家の柱として、職務を西郷に依頼するので、皆は決して疑念を抱かずこれまで通り職務に勉励せよ」(傍線は著者)

つまり、西郷が出した辞表のうち、「参議」と「近衛都督」については受理されたが、「陸軍大将」の辞表は受理されなかった。西郷が鹿児島に帰った明治六年十月から、西南戦争が始まる明治十年二月までの約四年間、陸軍大将は鹿児島にいたことになる。

加えて、桐野利秋、篠原国幹も、「陸軍少将」の辞表が受理されなかった。

それを示す文書が、東京都公文書館に残されている。太政大臣の三条実美が、明治十年二月二十五日に出した文書で、桐野利秋、篠原国幹の肩書は陸軍少将となっている。

西南戦争では、西郷は陸軍大将の制服を着て、鹿児島の私学校から出発した。そして、陸軍

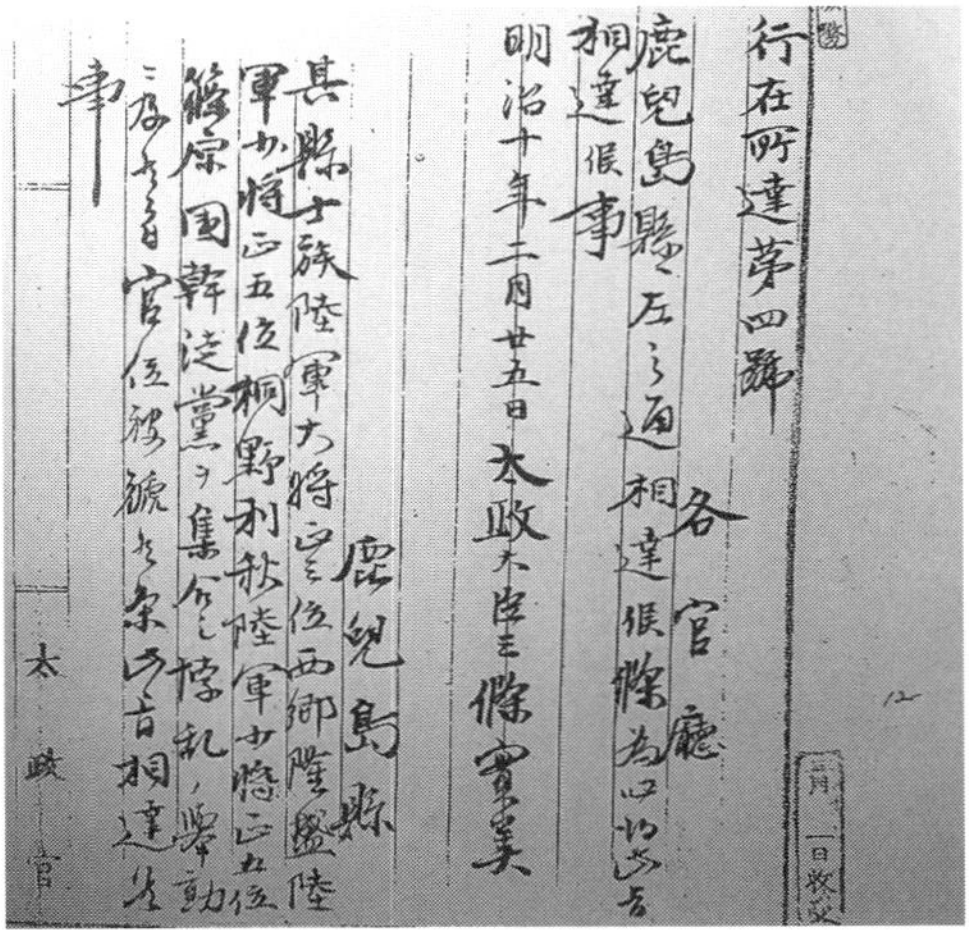

行在所達第四號

各官廳

鹿兒島縣ヘ左ノ通相達候條為心得此旨
相達候事

明治十年二月廿五日　太政大臣　三條實美

鹿兒島縣

其縣士族陸軍大將正三位西郷隆盛陸
軍少將正五位桐野利秋陸軍少將正五位
篠原國幹從黨ヲ集合シ悖亂ノ擧動
ニ及ヒ候ニ付官位被褫候條此旨相達候
事

太政官

三条実美が出した公文書

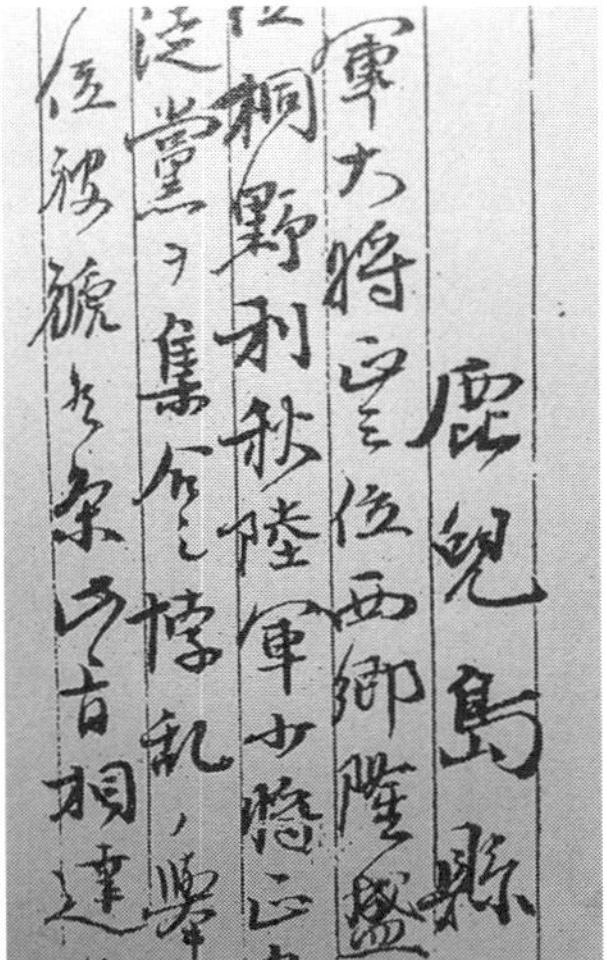

鹿兒島縣
軍大將正三位西郷隆盛
桐野利秋陸軍少將正五
從黨ヲ集合シ悖亂ノ擧
位被褫候條此旨相達

桐野利秋の肩書は陸軍少将

大将の制服は西南戦争の末期、宮崎県長井村（現宮崎県延岡市）の児玉熊四郎宅の庭で焼かれた。

この事実は多くの書籍で紹介されているが、桐野と篠原が着用していた陸軍少将の制服も、この時ここで焼かれたに違いない。

陸軍大将制服姿の西郷隆盛全身像（床次正精画・鹿児島市立美術館蔵）

陸軍大将の制服が焼かれた児玉熊四郎宅の庭

明治維新を成し遂げた西郷と大久保は、朝鮮への使節派遣を巡って鋭く対立した。

西郷率いる薩摩軍と大久保の官軍が戦った西南戦争。

約七カ月間の戦いの後、明治十年九月二十四日、西郷は自刃し西南戦争は終結した。その翌年、大久保は、石川県の士族により東京の紀尾井坂で暗殺された。

明治維新から百五十年。長い歴史からみると、竹馬の友であった二人は、袂を分かち、一瞬の間に死んでいった。二人はお互いに刺し違えたといえる。

参考文献

「正院御用留」　明治六年、東京府
『大久保利通日記・下巻』　昭和二年四月二十五日、侯爵　大久保家蔵収
『甲東逸話』　昭和三年五月、勝田孫弥
『大西郷正伝　第三巻・五巻』　昭和十五年二月二十五日、下中彌三郎、平凡社
『西郷隆盛・下巻』　昭和四十五年八月二十五日、井上清、中公新書
『警視庁草紙』　平成九年五月、山田風太郎、ちくま文庫
『南洲残影』　平成十年、江藤淳、文藝春秋
「大壱大区十四区区図」　東京都公文書館

第六話
決裂の閣議を再現

いわゆる征韓論をめぐっては、さまざまな考察がなされている。

秋月左都夫の『征韓論の真相とその影響』も、その中の一つである。

宮崎県出身の秋月左都夫は、明治から大正にかけて外交官として活躍し、大正八年のパリ講和会議には全権大使として出席したほか、宮内省御用掛も務めた。

秋月は、昭和二十年六月二十五日に八十八歳で死去したが、亡くなる四年前の八十四歳の時に、『征韓論の真相とその影響』と題した本を上梓した。

秋月は、同じ外交官で鹿児島出身の先輩・上野景範《かげのり》から、征韓論の閣議の様子を直接聞き、同書を書いたと思われる。

同書は、昭和二年十一月に発行された『大西郷全集・第三巻』を底本としたうえで、上野景範から聞いた話を加えて書かれている。

ここからは、明治四十一年に発行された『西南記伝』『征韓論の真相とその影響』『大西郷全集・第三巻』、徳富蘇峰が昭和三十六年に発行した『近世日本国民史』をもとに、明治六年六月十二日から繰り広げられた、征韓論の閣議の模様を再現する。

司馬遼太郎の大作『翔ぶが如く』も、これらの本を底本としている形跡がある。


明治六年六月十二日の閣議は、西郷と大久保の別れの序章となった。

閣議には、太政大臣三条実美、西郷隆盛、板垣退助、大隈重信、後藤象二郎、大木喬任《たかとう》、江藤新平らの各参議、それに清国（中国）出張中の副島種臣の代理として、上野景範が出席した。

この日の閣議には、大久保は出席していない。

理由は大久保は参議ではなかったからだ。しかし、水面下では、征韓論反対の動きをしていた形跡が見られる。

江藤

後藤

上野

板垣

西郷

「第一幕　別れの序章」明治六年六月十二日

上野景範

韓国政府は、明治維新以来、たびたび我国の使節を侮辱し外交文書を拒み、無礼千万な伝令書を掲示して我国を排斥しようとしている。このまま放置しておけば、無知の朝鮮人がどんな暴挙にでるか、わからない。このような状況下では、我国の居留民を全員朝鮮から引き揚げさせるか、又は、武力に訴えて韓国政府に修好条約を調印させるか、二つに一つである。何卒ご審議を願いたい。

板垣退助

居留民を保護するのは、政府の当然の義務である。早速、一大隊の兵隊を釜山へ送り、その後交渉するのがよい。

大久保

大隈

岩倉

三条

大木

西郷隆盛

それは余りに早すぎる。今すぐに韓国へ兵隊を派遣すれば、韓国は日本が侵略にきたと疑いを持つ。戊辰（一八六八年）以来、たびたび使節を出したが、皆、階級の低い者ばかりで、韓国の地方官吏と折衝しただけである。だから、このように軽蔑され、未だに一回も使命を全うできないでいる。

今やるべき政策は、最も責任のある者を全権大使として派遣し、対等の儀礼を以って正理公道を説明したうえで、韓国政府の反省を促すことである。このようにすれば、いかに頑迷な韓国の朝廷でも、この道理を理解しないはずはあるまい。

それでもなお、我国の主張を聞かずに無礼を働き、我国の全権大使を殺害するようなことがあったら、その時こそ公然とその罪を世界に訴え韓国を征伐すべきである。

【注釈：西郷は板垣の即時派兵に反対した。この発言で、西郷が征韓論者でなかったことが分かる】

西郷

板垣

上野

後藤

江藤

三条実美

その大使は、兵を率いて軍艦に乗って行ったほうが宜しい。

西郷隆盛

ちがう。兵を率いて行くのは穏やかではない。大使として行く者は、烏帽子直垂を着て、礼を尽くし正直な考えを示さねばならない。

【注釈：西郷の発言を受け、板垣は自説を捨て西郷に同意した。後藤、江藤も賛成した】

大隈重信

現在、岩倉大使らが欧州派遣中である。国家の重大事は、岩倉らが帰国するのを待って決めるのが良い。

【注釈：この発言の背景には、岩倉使節団の帰国までは国家の重要案件は

大木

三条

岩倉

大隈

大久保

決定しないという約束があったといわれている】

前述の傍線部分の約束については、明治四十一年に発行された『西南記伝』や『大西郷全集・第三巻』では、書かれていない（『大西郷全集・第三巻』七百二十一頁参照）。

一方、昭和十六年発行の『征韓論の真相とその影響』では、前述の傍線部分が挿入されている（『征韓論の真相とその影響』二百六十九頁参照）。

そして、その後出版された征韓論関連の書籍にも多く登場するが、この約束は本当にあったのだろうか。

この約束が、西郷と大久保の対決の遠因にもなった。

大久保は、約束したと認識し、西郷はそのような大久保の発言はあったが、約束はしていないという立場だった。

司馬遼太郎は、『翔ぶが如く』で、この発言を大隈の発言としたうえで、この約束は大久保の「個人的な私命」として大隈個人に伝えた、と解説している。

その私命とは、具体的には「征韓論のような外交に関する重要案件は、

西郷

板垣

上野

後藤

江藤

西郷らの留守内閣に決めさせるな。もしもの時は、大隈はブレーキ役になってもらい、同時に大久保に知らせてもらいたい」と述べている。司馬遼太郎は、「大隈は大久保のスパイであった」と述べている（同書第一巻、百七十三頁参照）。

一方、西郷も、大隈は大久保のスパイと知っていた形跡がある。

大隈は、閣議の場で西郷から痛烈に叱責され、立往生する。

西郷隆盛

堂々たる一国の政府が国家の重要案件を決めることが出来ないなら、直ぐに地位や身分を捨てて、政府としてのさまざまな仕事を止めるべきである。

【注釈：西郷のこの発言で、出席した閣議メンバーは沈黙した】

西郷の発言は続く。

大久保

大隈

岩倉

三条

大木

西郷隆盛

遣韓大使には、自分を任命してもらいたい。是非、上奏して裁可を仰いでもらいたい。

三条実美

念入りに熟考した上で……。

以上で第一回の閣議は終了した。

西郷と大久保の水面下での動き

西郷は「遣韓大使を自分に任命してもらいたい」と、六月十二日の閣議で発言したものの、決定までには至らなかった。

三条太政大臣は、副島外務卿（外務大臣）を大使として派遣することに同意していた。

江藤

後藤

上野

板垣

西郷

七月二十九日、西郷は板垣に手紙を書き、自らを遣韓大使として任命することに賛成するよう訴えた。

その手紙が残されている。

現代訳すると、「さて、朝鮮の件、副島氏も帰国……中略……副島氏の如き立派な使節団交渉はできないが、死ぬぐらいのことは準備している……」。

西郷は、決死の覚悟で遣韓大使を熱望していたことがうかがえる。

西郷はこの頃から、自らの死に場所を求めていたのだろうか。

八月三日、三条へも手紙を書き、自らの遣韓大使の同意を求めた。

さらに、西郷は副島に直接会い、「あなたは北京へも行ったので、朝鮮は私に譲ってください」と懇請し、副島も同意した。

八月四日、西郷が板垣に書いた御礼の手紙には、「……私が死んだ後の事までご配慮いただきありがとうございます……」とある。西郷は、死ぬ覚悟で遣韓大使としての任務にあたろうとし、板垣もそれを承知していたことが、この手紙からも改めて分かる。

西郷には、常にこの覚悟があったのだろう。

大久保

大隈

岩倉

三条

大木

死を覚悟した人間は強い。

こうして、西郷は板垣、副島、三条から遣韓大使の同意を得た。

「第二幕　誤解」明治六年八月十七日

八月十七日の閣議で、全員異議なく、西郷を遣韓大使として派遣することが決まった。

閣議は、西郷のシナリオ通りに終了し、西郷は三条に天皇への上奏を迫った。

『大西郷全集』や『西南記伝』などには、この日の閣議の様子は詳しく書かれていない。西郷の派遣がスムーズに決まったからであろう。

三条は、箱根にいた天皇へ上奏した。

天皇は、使節派遣については御裁可されたが、「西郷を大使に任命する件は岩倉の帰国後に再度審議し上奏せよ」というものだった。

江藤

後藤

上野

板垣

西郷

八月十八日、三条は西郷を自邸に招き、天皇の御裁可を伝えたが、その内容が誤解を招く内容ではなかったのだろうか。それとも、西郷が勘違いしたのだろうか。

西郷は、天皇の御裁可により、自分が大使に任命されると思った。

そのことを伝える西郷から板垣への手紙が残されている。

その手紙には、「……三条邸より帰り、板垣先生宅まで飛んで参り候、足も軽く覚え候、もう横棒の憂いも之有るまじく、生涯愉快この事候……」と書かれている（『征韓論の真相とその影響』二百七十二頁参照）。これを現代訳すると、「三条邸から帰り、急いで板垣先生宅まで行きました。足どりも軽くこれからは邪魔をする者もなく、今回の御裁可は私の生涯にわたってうれしい事であります」となる。

しかし、天皇の御裁可は「岩倉の帰国後に再度熟議せよ」というものだった。

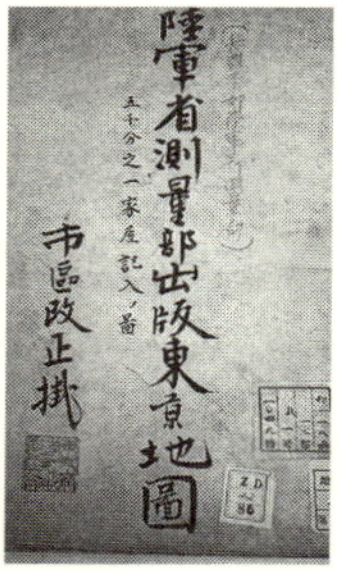

陸軍省が製作した東京地図の表紙（明治初期）

当時の西郷邸と三条邸の位置関係を示す地図が残されている。

大木

三条

岩倉

大隈

大久保

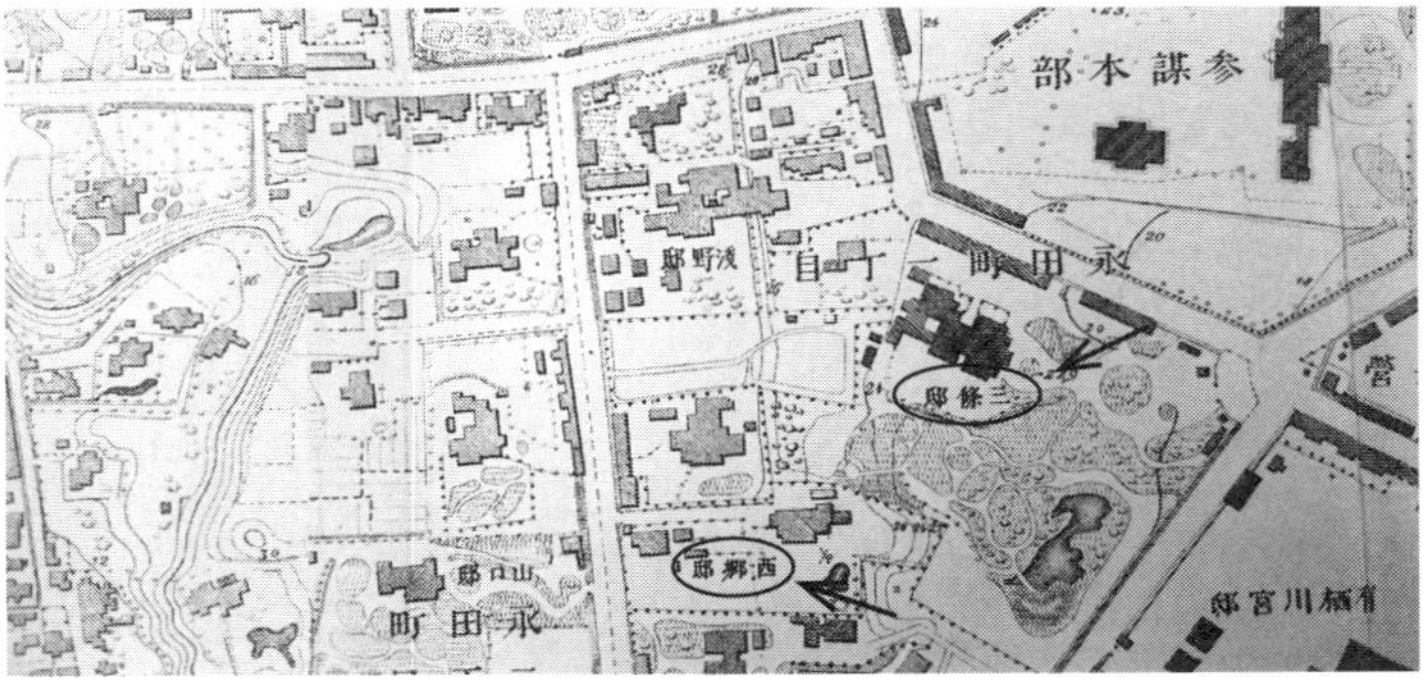

地図の真ん中の下方に「西郷邸」、その右上に「三条邸」の文字が見える

明治初期に、陸軍省測量部が出版した東京地図で、それによると二人の邸宅は皇居に極めて近い永田町（現東京都千代田区）にあることがわかる。

西郷は現在の東京都千代田区永田町一丁目に住んでおり、三条邸まで徒歩で十分以内の距離だ。

地図の真ん中の下方に「西郷邸」、その右上に「三条邸」の文字が見える。

手紙では、「……三条邸より帰り……」とあるので、西郷は三条から「天皇の御裁可」を直接聞いたことになる。西郷が天皇の「御裁可の内

江藤

後藤

副島

板垣

西郷

容」を勘違いしたのではなく、三条が誤解を招くような伝え方をしたのかもしれない。閣議などでの三条の発言録を見ると、表現があいまいな部分があり、三条が優柔不断といわれる所以でもある。

一方、大久保はこの時期、箱根にいた。

なぜ、大久保は箱根にいたのだろうか。

箱根には天皇がいた。天皇は、明治六年八月三日から二十四日間、箱根宮ノ下で静養した記録が残されている。

箱根に天皇が滞在していることを、大久保は知っていた可能性がある。

誰かが大久保に天皇の所在を伝えたに違いない。

この時期に宮内大丞を務め、明治天皇に近い位置にいたのは、吉井友

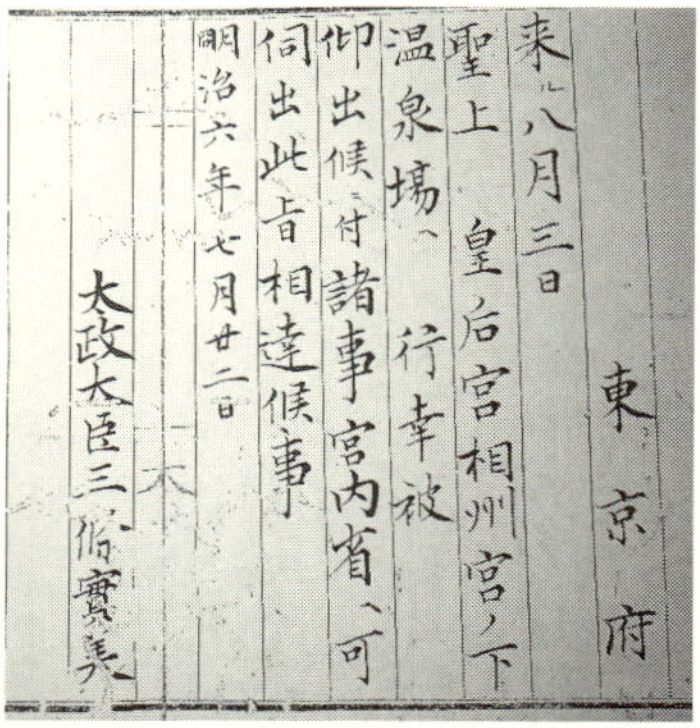
東京府
来ル八月三日
聖上　皇后宮相州宮ノ下
温泉場ヘ　行幸被
御出候ニ付諸事宮内省ヘ可
伺出此旨相達候事
明治六年七月廿二日
太政大臣三條實美

三条実美が「天皇の箱根行幸」を東京府へ通達する公文書

大久保

大隈

岩倉

三条

大木

実だった。

吉井も鹿児島の旧士族で、生家は、大久保や西郷の誕生地（現鹿児島市加治屋町）のすぐ近くにある。吉井は大久保の推薦で宮内大丞になり、四年後の西南戦争では大久保を支援している。

これらのことから、誰かとは吉井友実に違いないと考えられる。

欧州を視察していた岩倉は、九月十三日に帰国した。

岩倉は、帰国前から西郷らの動きについて情報を得ていた。そして、西郷らを抑え込むため大久保へ参議就任を求めた。さらに、大久保と仲の悪い木戸も味方に引き入れるため、黒田清隆（薩摩出身）と伊藤博文（長州出身）に二人の仲介を指示した。

大久保は十月十二日参議に就任。バランスを取るために、征韓派の副島種臣も参議に就任させた。

十月十四日、閣議を開く事が決まった。

岩倉は閣議の前夜に三条と会い、征韓の不可を説き、三条は征韓論反対を約束した（後に三条は変節する）。

江藤

後藤

副島

板垣

西郷

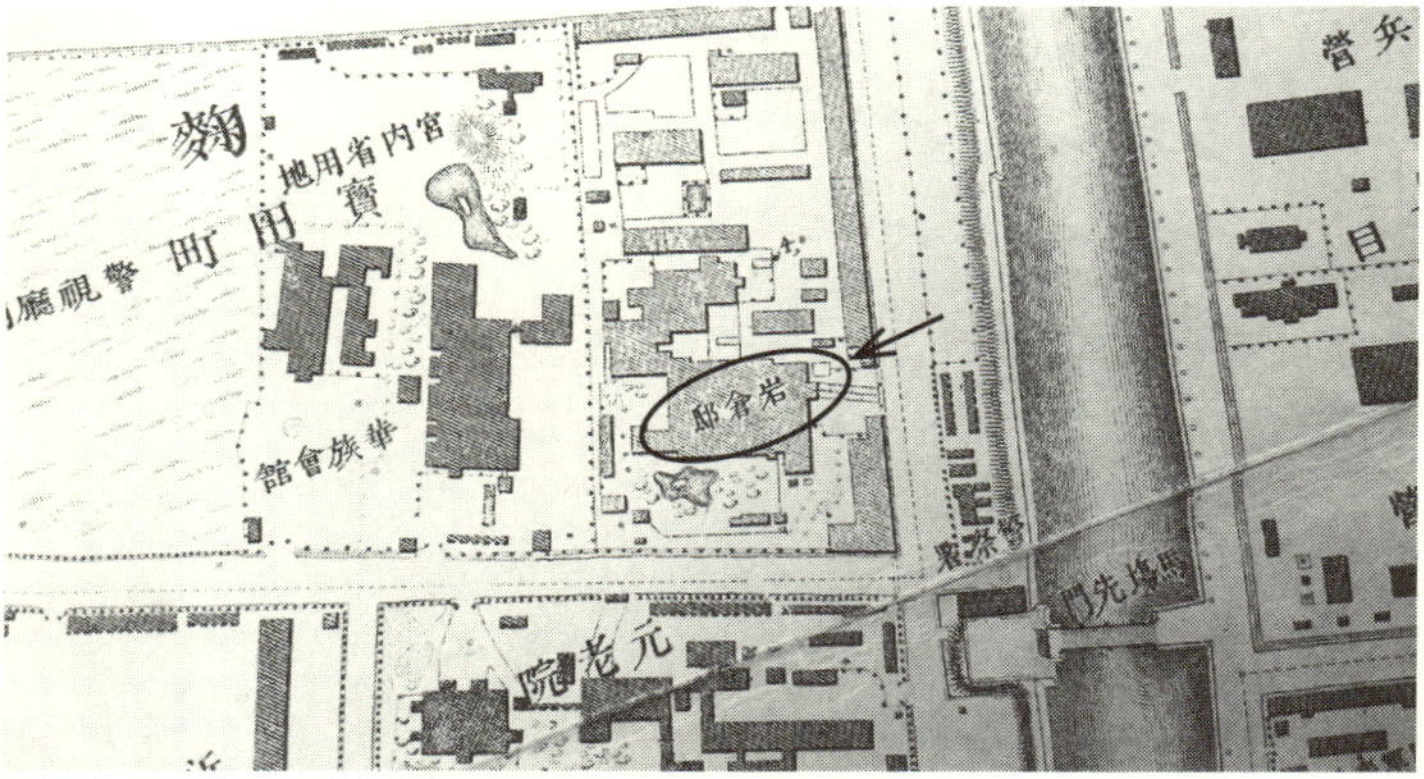

馬場先門の近くに「岩倉邸」がある

板垣、副島も岩倉に呼ばれ、征韓の不可を説かれたが、二人は断固として拒否した。

そして、明治六年十月十四日、閣議の朝を迎えた。

突然、西郷邸に岩倉の使者が来て、「本日の閣議出席を見合わせてくれ」と伝えた。

西郷は、すぐに岩倉邸を訪問した。

岩倉邸も、皇居前の馬場先門の近く、西郷邸から徒歩十分以内の距離にあった。

岩倉は、「今日の閣議は遣韓大使の問題で、貴下一身上の問題で

大久保

大隈

岩倉

三条

大木

あるから、何とぞ欠席していただきたい」と言った。

西郷はぶ然として、「それはどういうことでござるか。遣韓大使は国家の大事であり、私の一身に関する私事ではない。これから岩倉閣下とともに閣議に参りましょう」と述べ、岩倉とともに登閣した。

岩倉の征韓派つぶしは、この時点では失敗に終わった。

「第三幕　二人の対決」明治六年十月十四日

十月十四日午前十一時、閣議は始まった。

出席したのは西郷、板垣、副島、江藤、後藤の征韓派の五人の参議、大久保、大隈、大木の征韓論反対派の三人の参議、それに岩倉右大臣、三条太政大臣の十人。

西郷は最年長の四十七歳、陸軍大将、近衛都督も兼ねており、メンバーの中で重鎮。最年少は三十五歳の大隈だった。

この日の閣議の様子については、『翔ぶが如く・第三巻』（八〜二十六頁参照）でも紹介されている。司馬氏は、西郷や大久保の発言の背景などに

西郷

板垣

副島

後藤

江藤

ついて解説しているが、発言そのものは『大西郷全集・第三巻』を参考にしているようである。
　西郷と大久保が激突する場面は、『翔ぶが如く』より『大西郷全集・第三巻』のほうが遥かに迫力がある（同書、七百四十二頁参照）。
　閣議では、まず三条が、朝鮮問題の動向や前閣議での決議内容について概略を報告したあと、岩倉が発言した。

岩倉具視

　大使の派遣は、熟議を必要とする。朝鮮の無礼はさることながら、今、大使を派遣し談判すれば、乱暴な朝鮮国であるから、大使を殺すか、又はさらに無礼を加えるか、おそらくそのどちらかであろう。

　そうであれば、大使派遣は戦争を覚悟のうえでなければならぬ。朝鮮の背後には、支那もロシアもある。迂闊に手を出して、国家百年の大計を誤ってはならない。

　顧みると、我国の現状は人智を開けず、国力は疲弊の極みに達してい

大久保

大隈

岩倉

三条

大木

る。また樺太問題の解決も急がれる。このうえに戦争をするなどの議論は無謀であり、我らは同意できない。

西郷隆盛

樺太問題（樺太におけるロシアの南下政策に対する案件）を解決してから朝鮮問題を処理するのであれば、遣露大使は、不肖の身ながら私に任せてもらいたい。しかし遣韓大使派遣の件は、八月十七日の閣議ですでに決まっている。今さら、その是非を議論する必要はない。

岩倉具視

今日の閣議は何のために開かれたのか。遣韓大使の是非を論ずるための閣議ではないのか。樺太問題を処理するのは、外務卿（外務大臣）の仕事である。外務卿がロシア政府に対して、命をかけて交渉し、解決すべき問題である。

ロシアの朝鮮に対する野心を根絶せねばならない。しかし、この問題を解決するには多少時間がかかるから、政府は内政を整備して、外国を制圧

西郷

板垣

副島

後藤

江藤

する力を養わなければならない。

板垣退助

そんなことはない。樺太問題は大きな問題ではない。ロシアは朝鮮に対して何ら利害関係がないから、朝鮮を支援する大義名分がない。だから、今やるべきは、一日も早く大使派遣を決めることである。

この発言を受けて大久保が反対意見を述べた。西郷との直接対決の始まりである。

大久保利通

朝鮮の事は今しばらく時期を待ちたい。なぜなら我国は内政を整備して国力の充実を図り、その後、朝鮮へ使節を送るのが順序である。

西郷隆盛

時期は今である。一日も余裕はない。このことを実行しても、内政はや

大久保

大隈

岩倉

三条

大木

れる。

大久保利通
いやそれが問題である。
貴公はこのことに取り掛かっても内政は大丈夫と言われるが、もし交渉がうまくいかなかった場合は、兵隊を出すことになる。それは国家にとっては大事であり、内政を犠牲にしなければならない。

西郷隆盛
それは貴公の勘違いである。このことはすでに閣議で決まっている。

大久保利通
前の閣議でどうであったか。それは拙者の知らないところである。

西郷隆盛
それは……、貴公は本気で言っているのか。

西郷

板垣

副島

後藤

江藤

貴公らの留守の間に拙者が決めたことが不服というのか。拙者も参議でござる。貴公らが不在であるからと言って、国の大事を放っておいては、拙者の職分が立ち申さぬ。

留守を守っていた参議が皆集まって決めたことに、何の悪いところが御座るか。三条太政大臣も御同意で、すでに天皇の御裁可も経たことで御座るぞ。

大久保利通

拙者共の不在中は、国の大事は決めないという約束だったでは御座らぬか。

西郷隆盛

誰とそのような約束が御座るか。

大久保利通

留守の参議たちである。

大久保

大隈

岩倉

三条

大木

西郷隆盛
誰かの発議でそんなことがあったが、それは無理と申すもの。

大久保利通
それは、今となっては卑怯で御座ろう。

西郷隆盛
控えなされ！　誰が卑怯であるか自分の心に問いなされ！

西郷は立ち上がって机を拳で叩いた。

徳富蘇峰の『近世日本国民史』にはこの時の様子について、板垣退助の次のような談話を載せている（同書八十七巻、百七十九頁参照）。

「西郷と大久保の論戦は激烈なものであったが、二人の議論は感情に馳せて、ややもすれば道理の外に出て、一座呆然として、言葉を差し込む余地

西郷

板垣

副島

後藤

江藤

がない光景だった」

西郷が「誰が卑怯者か自分の胸に問いなされ！」と大久保に反撃した背景には、文久二（一八六二）年に京都伏見の寺田屋で起きた薩摩藩志士粛清事件をめぐる処罰に「大久保が水面下で関与していた」とする指摘もある（『敬天愛人・第三十四号』参照）。

ところで、大久保が主張した「外遊中は、内閣人事や法律など一切触らない」という約束については真偽はわからないが、西郷は明治六年一月十日に徴兵令を布告、同年四月には後藤、大木、江藤を参議に就任させた。外遊中に内閣改造をおこなっている。

今まで黙っていた大隈が突然立ち上がった。

大隈重信

三条卿に申し上げます。私、都合があって今日はこれにて退席します。

大久保

大隈

岩倉

三条

大木

三条実美
ああ、左様ですか。

大隈は椅子を離れた。

西郷隆盛
大隈さん、貴公はどこへ行かれる。

大隈重信
横浜の外国人から招かれていますので……。

西郷隆盛
何の用事か。

大隈重信
夜会があるとの事で、招待を受けていますので……。

西郷

板垣

副島

後藤

江藤

西郷隆盛
黙れ！　貴公は参議ではないか。国の大事を議論しているときに、外国人の招きのために中座するとは何事か！　考えて見なされ。馬鹿な！

西郷の一喝で、大隈は何も言わず椅子に再び座った。

板垣退助
大久保参議にお尋ねしたい！　貴公の言われる内政の改革は、どのように改革する見込みか。それはいつまでかかる見込みか。その説明を願いたい。

大久保利通
それについては、まず内務省を設ける計画で御座るが、詳しいことはその上でのことで御座る。

大木

三条

岩倉

大隈

大久保

板垣退助
その設置までに幾日ほどかかる見込みか。

大久保利通
おおよそ五十日位。

板垣退助
それから着手するとして、大体の結果を見るまでには幾日ほどか。

大久保利通
組織さえ出来れば大したことはない。

板垣退助
それが出来れば、大使派遣に同意されるお考えか。

西郷

板垣

副島

後藤

江藤

大久保利通
……。

【注釈：大久保は無言で答えなかった。なぜ答えなかったのか。理由は西郷らが主張する大使派遣より、西郷そのものに反旗を掲げていたのではないだろうか】

板垣退助
それを五十日と大体決めていて、その後ならば、大使派遣に同意すると決めたらどうであろうか。

西郷隆盛
それはならん。これ以上延ばすことは出来ぬ。

西郷の言葉には並々ならぬ決意がこもっていた。西郷は自らの進退も含めて大久保ら反征韓派を攻めた。

大木

三条

岩倉

大隈

大久保

この日の閣議は何の結論も出ず、翌十五日に改めて閣議を開く事になった。

「第四幕　西郷欠席」明治六年十月十五日

十月十五日、午前十時から閣議が開かれた。この日、西郷は欠席した。大久保は反征韓派を代表して、内政重視の考えを繰り返し主張した。一方、板垣と副島は大久保に反発し両者は鋭く対立した。三条と岩倉は裁断に苦しみ、両者を退席させ協議し、閣議を再開させた。

三条実美

西郷の進退は大きな問題となる。故にやむを得ず、西郷の建議（朝鮮への大使派遣）を認めることに決めた。

大久保利通

建議がすでに決まった以上、自分は言うところはない。自分の考えは少

江藤

後藤

副島

板垣

西郷

しも変わる所はない。自分の意見を容れない内閣に、到底留まることはできない。

この日の閣議での会話は、『大西郷全集・第三巻』以外に書かれた書籍はない。

しかし水面下では、伊藤博文らが岩倉邸を訪ねるなど、逆転の秘策が練られていた。

『西南記伝』によると、岩倉はやむを得ず西郷の建議に賛成した。しかし大久保が辞意を表明したため、今度は大久保の考えに同調したと説明している。同書では、岩倉がこの日に大久保へ出した手紙も紹介してる。

この手紙は、西郷に同意した岩倉の言い訳の手紙となっている（『西南記伝・上巻』四百三十一頁参照）。

「第五幕　大久保欠席」明治六年十月十七日

十月十七日、閣議が開かれた。

大木

三条

岩倉

大隈

大久保

大久保はこの日辞表を提出した。同じく木戸、大隈、大木も辞表を提出した。

この日の閣議には、岩倉を含めて反征韓派は全員欠席した。岩倉は、辞表を提出していないのに欠席、その理由は「病」であった。

しかし、大久保の辞表は表面だけのことで、彼はなおも岩倉を励まし、大隈、伊藤、黒田を各方面に奔走させて、どんでん返しの秘策を練った（『西郷隆盛・下巻』百九十四頁参照）。

三条実美

朝鮮へ使節派遣の件は国家の重要案件である。閣議は全員の出席で決めなければならない。今日は征韓派ばかりの出席で、反対派は一人も顔を見せぬから、もう一日延ばすほかはないと思うが……。

西郷隆盛

それは何故で御座る。今日は必ず決めてもらいたい。八月から今日ま

西郷

板垣

副島

後藤

江藤

で、反対派に対しては随分失礼の無いようにしてきた。すでに閣議で決定して御内裁まで経ているものを、今さら再議することが間違っている。
　これからすぐ、奏聞の手続きをすればそれで良い。

三条実美

　このような重要案件を奏上するには右大臣（岩倉）、参議（大隈ら）が出席して確定すべきです。明日まで待って欲しい。若し明日になっても欠席した場合、私が全責任を負って奏上します。まあ、もう一日待ってください。

西郷隆盛

　だめだ。もうこれ以上待てない。今、拙者の言うことを聞かないと、後日この倍も、またその倍も骨の折れる時が来まするぞ。貴公は拙者より十一も年下だから、いずれ拙者より長く生きられることであろうから、ただ今申し上げたことは良く覚えておいて貰いたい。

大久保

大隈

岩倉

三条

大木

三条実美

「ハアハア……」と頷くばかり。

後藤象二郎

西郷さん。僅か一日だから猶予したらどうですか。

西郷隆盛

……しかたない。

西郷は「明日はどんなことがあっても必ず奏聞する」という言質を三条から取り、この日の閣議は終わった。

西郷は三条が変心しないように、使節派遣の必要を説く手紙を閣議の後、三条へ届けた。

手紙を受け取った三条はこの日の夜、岩倉邸を訪問したが、岩倉を説得できず帰宅した。その後深夜に、今度は西郷を自宅に呼び説得したが、西郷は頑として考えを変えず、明け方まで議論したものの説得できなかっ

江藤

後藤

副島

板垣

西郷

た。

『大西郷全集・第三巻』によると「……深夜便を出して西郷を招き……」とあるように（同書、七百四十九頁参照）、当時の三条邸、西郷邸、岩倉邸は地図に示すとおり、それぞれ徒歩十分以内の場所にあった。

そして十月十八日午前、三条は自宅で倒れた。

『西南記伝』によると「……精神異常を感じ遂に劇症を発して……」（同書上巻、四百三十七頁参照）、『大西郷全集』によると「……突然卒倒し人事不省に陥った……」（同書第三巻、七百四十九頁参照）、井上清の『西郷隆盛』によると「……にわかに脳病を発し参内上奏は不可能なことになった（ということにした）……」（同書下巻、百九十四頁参照）。

また、司馬遼太郎の『翔ぶが如く』では「……十八日早暁、三条は自宅で昏倒した。偶然なのか作為なのか、仮病であるのかどうか、そのことは謎である……」（同書三巻、五十九頁参照）とある。

ところが、三条は倒れた翌日の十九日付で、右大臣の岩倉具視宛と天皇

大木

三条

岩倉

大隈

大久保

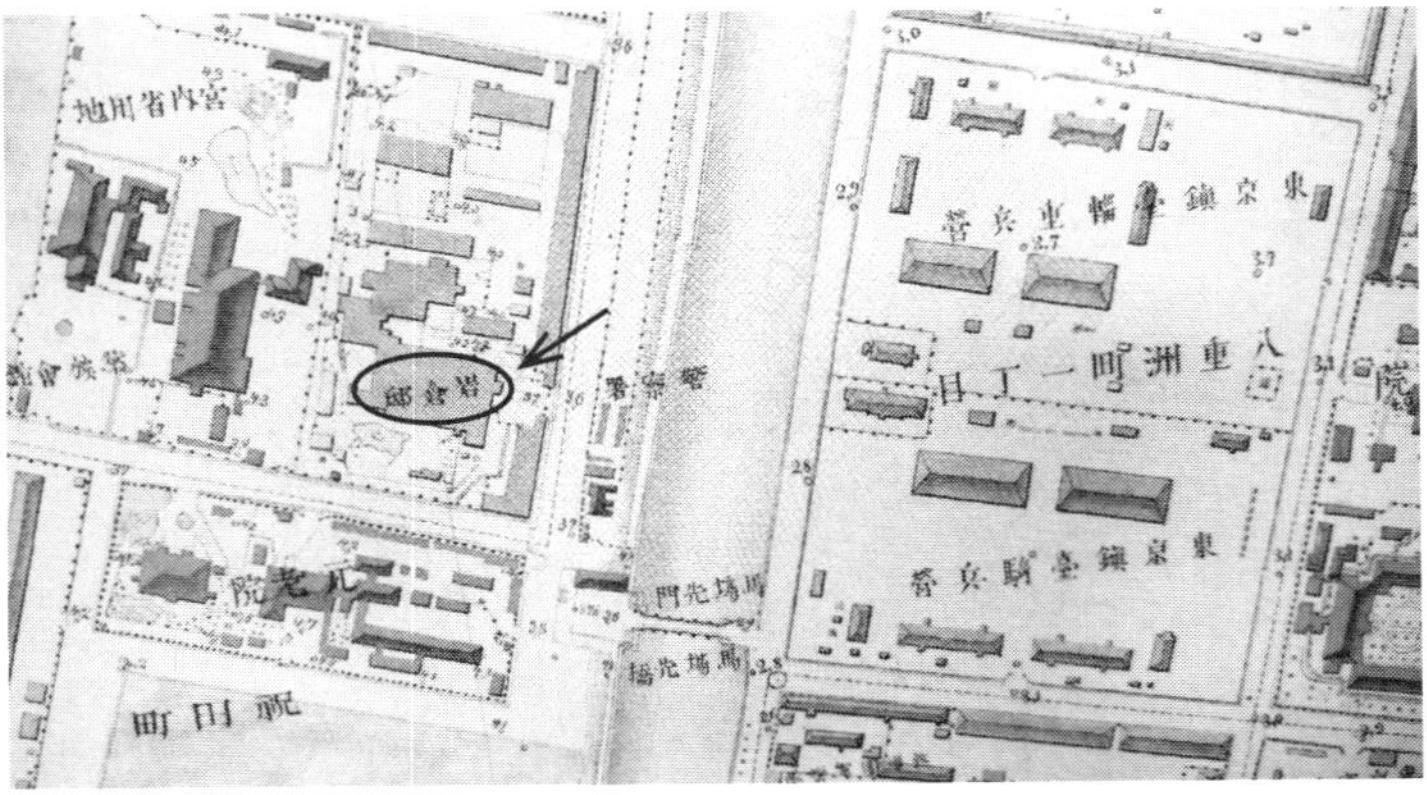

馬場先門の斜め上が岩倉邸

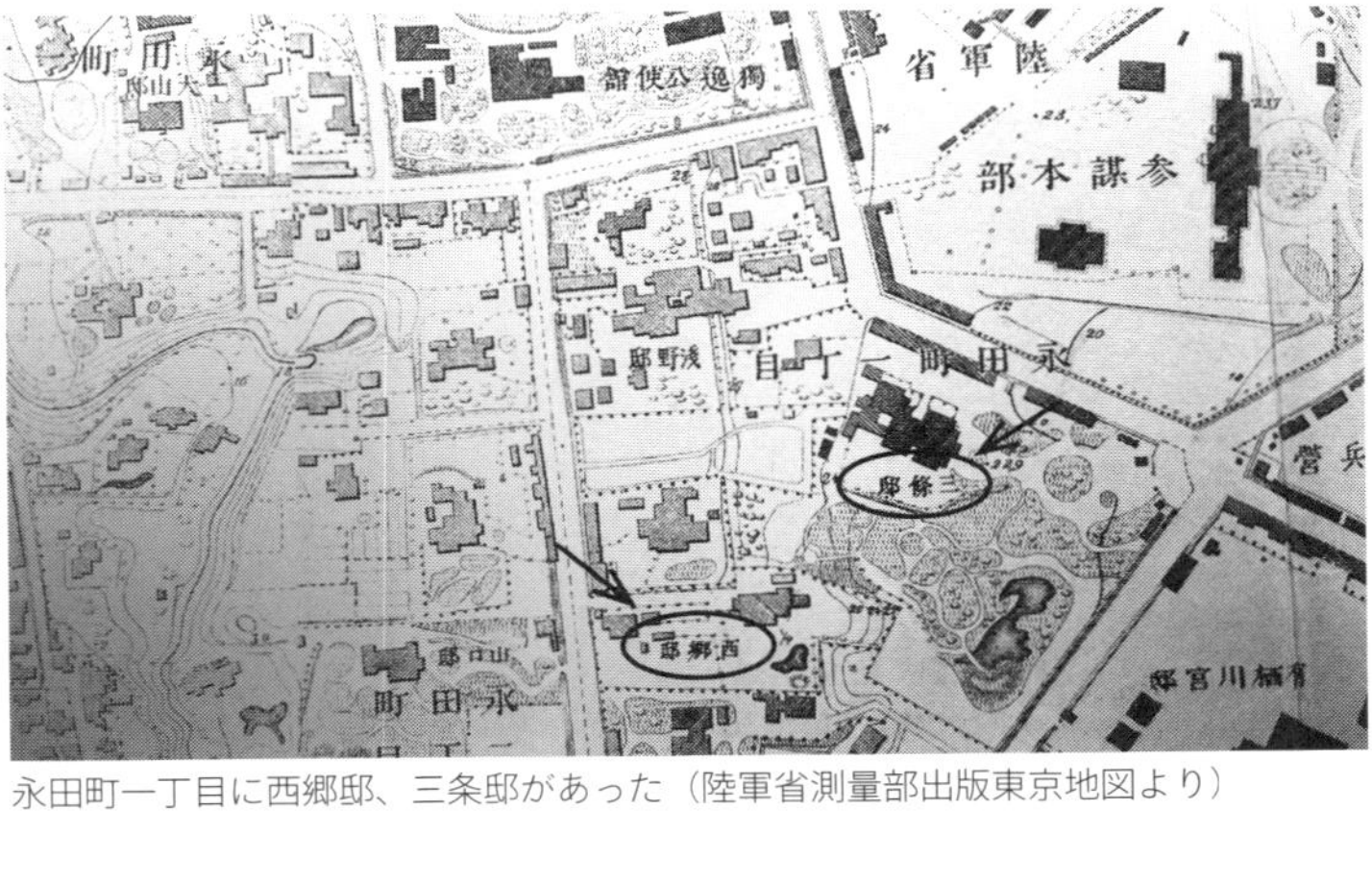

永田町一丁目に西郷邸、三条邸があった（陸軍省測量部出版東京地図より）

西郷

板垣

副島

後藤

江藤

に対して辞表を書いている。岩倉への辞表は「……その罪死して尚餘あり……」と約二百六十文字で、天皇へは「……速やかに臣が職を解き……」と約百五十文字で書かれている（『西南記伝』四百三十七頁参照）。

病に倒れた三条は、自らの意思でこれらの辞表が書けたのだろうか。

十月二十日、天皇は三条邸に行幸しお見舞いした後、岩倉邸を訪問し、岩倉を太政大臣代理に命じた。

反征韓派は、岩倉の太政大臣代理の拝命で息を吹き返した。

この画策には大隈、伊藤、黒田、松方が奔走した。明治東京全図によると、伊藤邸と松方邸は東京三田一丁目にあり、徒歩約五分の距離で、情報交換するには十分であった。

これらすべてのシナリオを描いたのは、大久保だったのではないだろうか。

『大久保利通日記』の十月十六日から同月二十三日までの記録には黒田、伊地知、西郷（従道）、大隈、伊藤など多くの要人が大久保邸に出入りしている。同月十九日の日記には「一の秘策あり」と記述されている。この

大木

三条

岩倉

大隈

大久保

「一の秘策あり」は同月十六日、黒田、西郷（従道）、伊地知（正治）と大久保が作った形跡がある。十六日は大久保が辞意を表明した翌日で、この日、黒田が朝早く大久保邸を訪問。その後、いったん退出し、夜に再度大久保邸を訪問している。一日に二度も大久保邸を訪問することは重要な案

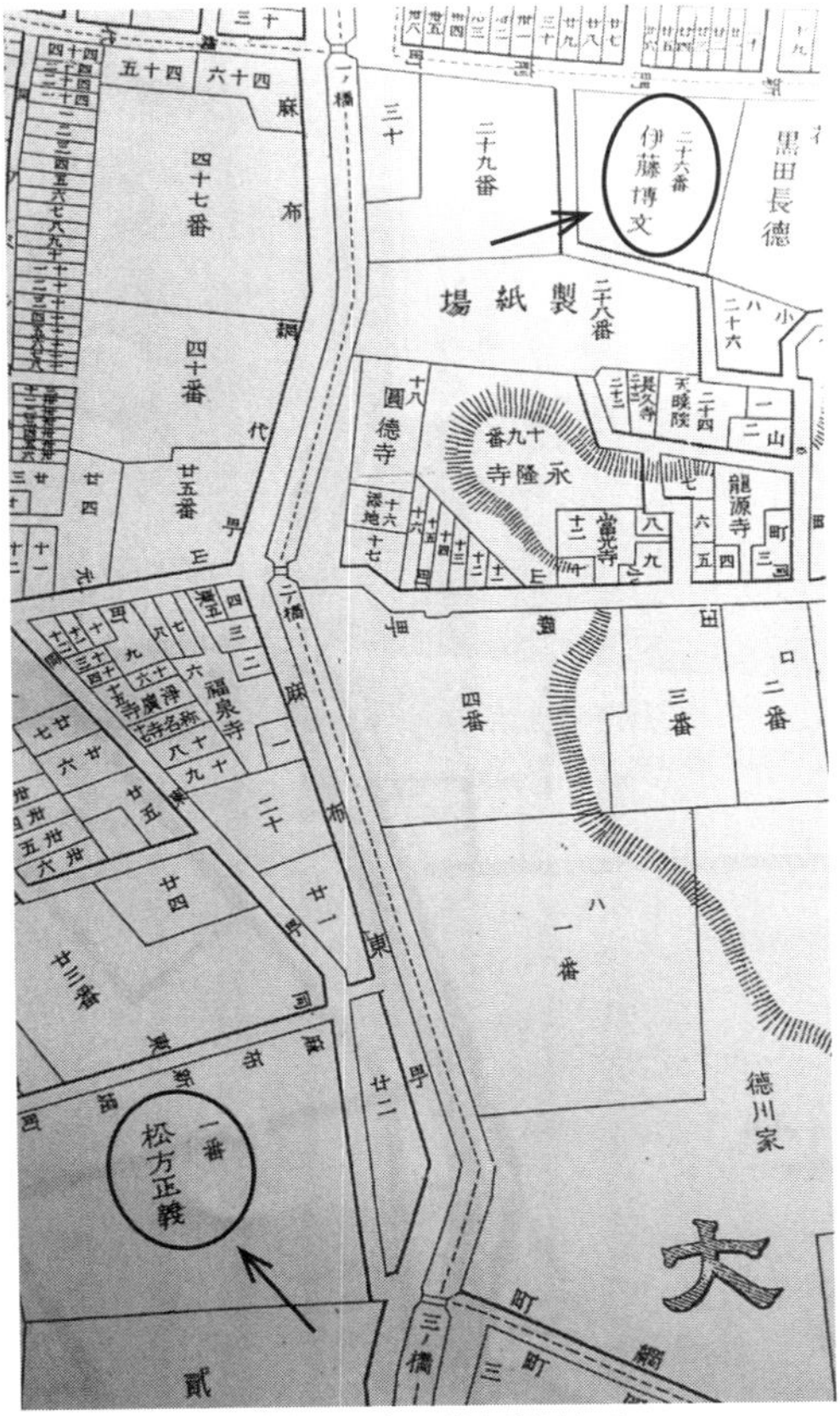

地図の上方に伊藤邸、下方に松方邸がある

江藤

後藤

副島

板垣

西郷

件（一の秘策）が存在していたのだろう。
十七日、大久保は正式な辞表を提出するために午前八時に三条と会っている。もし、三条の急病が芝居であったとするならば、三条はこの時、大久保から秘策を告げられたのだろう。
後年、伊藤は初代総理大臣、黒田は第二代総理大臣、松方は第四代総理大臣に就任した。

十月二十二日、西郷、副島、板垣、江藤は岩倉邸を訪問した。

この日の岩倉と西郷らのやり取りを記録している文書はない。明治四十年九月に発行された『征韓論実相』にも詳しく書かれていない。

しかし、『大久保利通伝』と『岩倉公實記』から当時の様子をうかがうことができる。

『岩倉公實記』には、岩倉が同日付（十月二十二日）で大久保に出した手紙が掲載されている（同書下巻、七十四頁参照）。

それによると、西郷らは岩倉に対して「……前略……もし、閣下もまた、病気を理由に上奏しなければ、我々参議が上奏する。……後略……」

大木

三条

岩倉

大隈

大久保

と述べたことが書かれている（傍線は著者）。

四日前（十月十八日）に三条が倒れたのは仮病で、芝居であったことを西郷らは知っていたのだろう。傍線の「閣下もまた病気を理由に……」という岩倉に対する西郷らの発言がそれを物語っている。

『大西郷全集・第三巻』の「対韓問題終に決裂す」の文章は、前述の二冊から引用したものと思われる。二冊とも反征韓派の大久保と岩倉が残した記録である（『大西郷全集・第三巻』七百五十～七百五十四頁参照）。

「第六幕　岩倉邸で決裂」明治六年十月二十二日

西郷隆盛

使節派遣の件は、三条公が十八日上奏し勅裁を仰ぐことになっていたが、三条公がにわかにご病気になり上奏ができなくなった。

しかし、このような国家の重要案件をそのままにしておくことはできない。貴下が三条公に代わって上奏の手続きをとってもらいたい。

これは、我々一同が相談の上、参った次第である。

西郷

板垣

副島

後藤

江藤

岩倉具視
私の意見が三条公と相違しているのは、各位も知る通りである。私が太政官になった以上は私の意見も上奏しなければならない。

江藤新平
岩倉卿におうかがいしたい。あなたは太政大臣の代理では御座らぬか。

岩倉具視
そのとおりだ。

江藤新平
そうであれば、大使派遣の件は同意されるであろうな。

岩倉具視
私は同意しない。

大久保

大隈

岩倉

三条

大木

江藤新平
それでは代理の意味がない。代理は本人に代わって本人の意思を実行するものである。
本人の意思と異なれば代理の意味をなさない。本人である三条公は、大使派遣に同意されている。その代理である貴下が、貴下の意思を加えて上奏するわけにはいかない。

岩倉具視
拙者はそうは考えない。人が違えば意見も違う。それはやむを得ぬ次第である。
何と言われても拙者の目の黒い間は、あなたたちの意見は通さない。天皇の御信任により拙者は代理を務めているのだ。

江藤新平
何ということを……。天皇の御信任さえあれば太政大臣の代理が務まる

江藤

後藤

副島

板垣

西郷

とは、誠に言語道断である。我々はこのような暴挙をされる人の下では仕事ができない。

西郷隆盛

今、貴下から天皇というお言葉を承ったが、この件はすでに三条公より上奏があり、御裁可があったことである。それを今さら御詮議されるのは、かえって天皇の御意志に背く事になりませぬか。

岩倉具視

何と言われても拙者は再議に付する。天皇からこの職務を賜ったものの責任である。

西郷隆盛

もう何も申さぬ。貴下の勝手になさるがよい。西郷はこれにて御免蒙る。実にけしからん。

大久保

大隈

岩倉

三条

大木

西郷は席を立った。

江藤新平
正当な理由もない上に、天皇の権威までも侵そうとされるのか。我々は貴下の様な人物の下では国家を運営できない。退出する。

江藤も退出し、それに板垣、副島も続いた。

十月二十三日、岩倉は征韓不可の上奏をおこなった。天皇は「これは国家の大事である。熟慮し明朝回答する」と伝えた。

翌十月二十四日、天皇は「……汝具視の上奏を嘉納する……」と回答した。

西郷らにとって、これですべてが終わった。

ところで『岩倉公實記』によると、十月二十二日の岩倉邸訪問には桐野利秋も同行した。桐野は岩倉が反論するたびに刀を握り、今にも岩倉を殺害しそうな様子だったと書かれている。
一方、『大久保利通伝』には桐野のことは一切書かれていない。

参考文献

『岩倉公實記』　明治三十九年、皇后宮職
『征韓論実相』　明治四十年九月、煙山専太郎、早稲田大学出版部
『西南記伝』　明治四十一年十一月、黒龍会本部
『大久保利通伝』　明治四十三・四十四年、同文館
『大西郷全集・第三巻』　昭和二年十一月、下中彌三郎、平凡社
『征韓論の真相とその影響』　昭和十六年十二月、東京日日新聞社
『近世日本国民史』　昭和三十六年七月、徳富蘇峰
『西郷隆盛・下巻』　昭和四十五年八月二十五日、井上清、中公新書
『翔ぶが如く』　平成十四年五月、司馬遼太郎、文藝春秋

第七話
大久保は西郷を招かず

明治六年十月の政変、いわゆる征韓論をめぐって、敗れた西郷、板垣、後藤、副島らは辞表を出し下野した。

これで事実上の西郷政権が終わった。

代わりに、政権の事実上のトップに就いたのが大久保である。大久保内閣は、これまでの横綱、大関クラスの大型内閣から、関脇、小結クラスの中型内閣に変質したといわれている。大久保はこれまでの制度や改革が無秩序に行われていたことから、内務省を設置し体系的に整理した。

明治七年五月六日、政府は台湾に出兵したが、出兵をめぐる意見の対立を契機に、木戸は内閣を去った。大久保は、この半年前の征韓論争では出兵に猛烈に反対していたにもかかわらず、台湾へは出兵させたのである。これは、内政の整備が優先というこれまでの大久保の論理とは矛盾したものであった。だから木戸も大久保内閣に辞表を提出したのであろう。このような事態になり、政府内のトップに薩摩、長州の有力者がいなくなった。しかも台湾征伐のトップに、西郷の弟、西郷従道陸軍中将を任命したのである。

これにはもちろん、鹿児島の私学校の生徒たちも不満を抱えていたが、国内各地の士族らの間でも政府に対する不満が募り、佐賀の乱や萩の乱を招いた。

また東京では、岩倉が不平士族に襲撃される事件（喰違《くいちがい》の変）が起きた。新政府の政策も全国に浸透せず、政治の混迷が続いた。

このため大久保は、先に辞職していた木戸や、征韓論で辞職した板垣、伊藤、井上らを招いて、意見交換する大阪会議を行い事態の改善を図った。この時、大久保は西郷を呼ばず、また、西郷の弟、従道は台湾にいた。弟の従道から兄の西郷隆盛に情報が漏れるのを危惧し、わざと西郷従道を台湾征伐の責任者として派遣していたのではないだろうか。

『甲東逸話』によると、大久保は「明治七年十二月二十六日大阪に入り、翌年（明治八年）二月十六日、神戸を出発し東京へ戻った」と書かれている。

一方、『大西郷伝・第三巻』によると、西郷は「明治七年十二月、日当山温泉に行く」と書かれ、翌年（明治八年）正月から三月までは何も書かれていない。つまり、西郷は前年（明治七年）の十二月から翌年三月までは特段の所用などはなかったものと思われる。従って大久保から大阪会議のメンバーとして招聘されたなら、大阪へ行けたはずである。しかし大久保は西郷を招かなかった。

また、この会議には、薩摩藩の五代友厚も水面下で関与し、大久保は会議の準備のため約二カ月間も五代の家で過ごした。

五代は大久保の相談相手になり、征韓論で辞職した板垣退助との仲介役を果たした。

同じ征韓論で辞職した西郷との仲介役を、大久保はなぜ五代に求めなかったのだろうか。二人の関係は修復できないほど離れていたと思わざるを得ない。

会議は、元老院・大審院の創設、地方官会議の開催、これまで兼任制であった参議と省の卿《きょう》を分離させるなどの政体改革構想で合意に達し、木戸、板垣は参議に復帰した。そして同年四月、立憲政体漸次樹立の詔書が出され、参議省卿の分離問題を除く大阪会議の合意事項が実現されていった。

大阪会議の記念碑。上左から大久保、木戸、板垣、下左から伊藤、井上

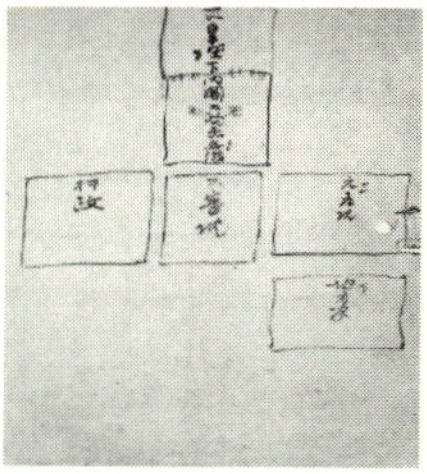

大阪会議の記録メモ

大阪会議の記録メモは国会図書館に残されている。メモによると天皇の下に内閣が置かれ、板垣らが後に主張する議院内閣制ではなく、ドイツのビスマルク憲法を意識した政治体制を構築したいという思いが読み取れる。

参考文献

『甲東逸話』　昭和三年五月、勝田孫弥
『大西郷伝・第三巻』　昭和十五年、下中弥三郎

第八話
鹿児島残留の士族は質素、東京派遣の士族は驕奢《きょうしゃ》

慶応四年三月十四日、西郷は勝海舟と会談し江戸城の無血開城が決まった。

同年四月十一日、江戸城に残っていた歩兵らは敗走し、下総の市川（現千葉県市川市）に集結した。歩兵ら二千人を超える勢力が、西郷らの動きに反発した。さらに、徳川慶喜の幕臣らが上野を拠点に彰義隊を結成し激しく抵抗した。

西郷は鹿児島から上京していた士族らに、江戸城を警備させたが、この時、大久保は京都にいた。西郷は江戸の騒乱を鎮静するために京都に急行し、三条実美を関東大監察視として江戸に駐在させることを決めた。

四月二十三日、三条は江戸に入った。その後、西郷は大総督府参謀として、新潟、米沢、会津、庄内などへ行き暴動を鎮撫した。

西郷は江戸開城後、ほとんど東京には居なかった。明治元年十月中旬、大久保らに後事を託し鹿児島に帰った。この時江戸城を警備していた東京派遣の鹿児島士族はそのまま残った。

明治二年、西郷は鹿児島の日当山温泉で年を越し、正月を迎えた。同年一月十八日、朝廷から上京を求められたが辞退した。二月十三日、勅使の柳原前光や大久保らがわざわざ鹿児島に来て、上京を促したがこれも断り、西郷は鹿児島を拠点にしながら新政府の活動を進めた。そして五月には、五稜郭に立てこもる榎本武揚らを平定するため鹿児島から函館に行き、鎮撫した。

明治三年一月十九日、再度大久保が鹿児島を訪れて西郷の上京を求めたが、これも拒否し、二月には桐野利秋らを率いて、山口藩での暴動を平定した。十二月二十三日、勅使の岩倉具視や大久保利通が鹿児島を訪れ西郷を説得し、ようやく上京を決意する。

明治四年一月三日、西郷は鹿児島を出発、途中、大阪などを経由して二月二日東京へ入った。

上京するとすぐ、朝廷より兵隊召集を命じられたため、鹿児島へ戻り、兵隊四大隊（約六百人～千人）を率いて、四月二十一日、再度東京に入った。そしてこの時の兵隊が後の近衛兵となった。

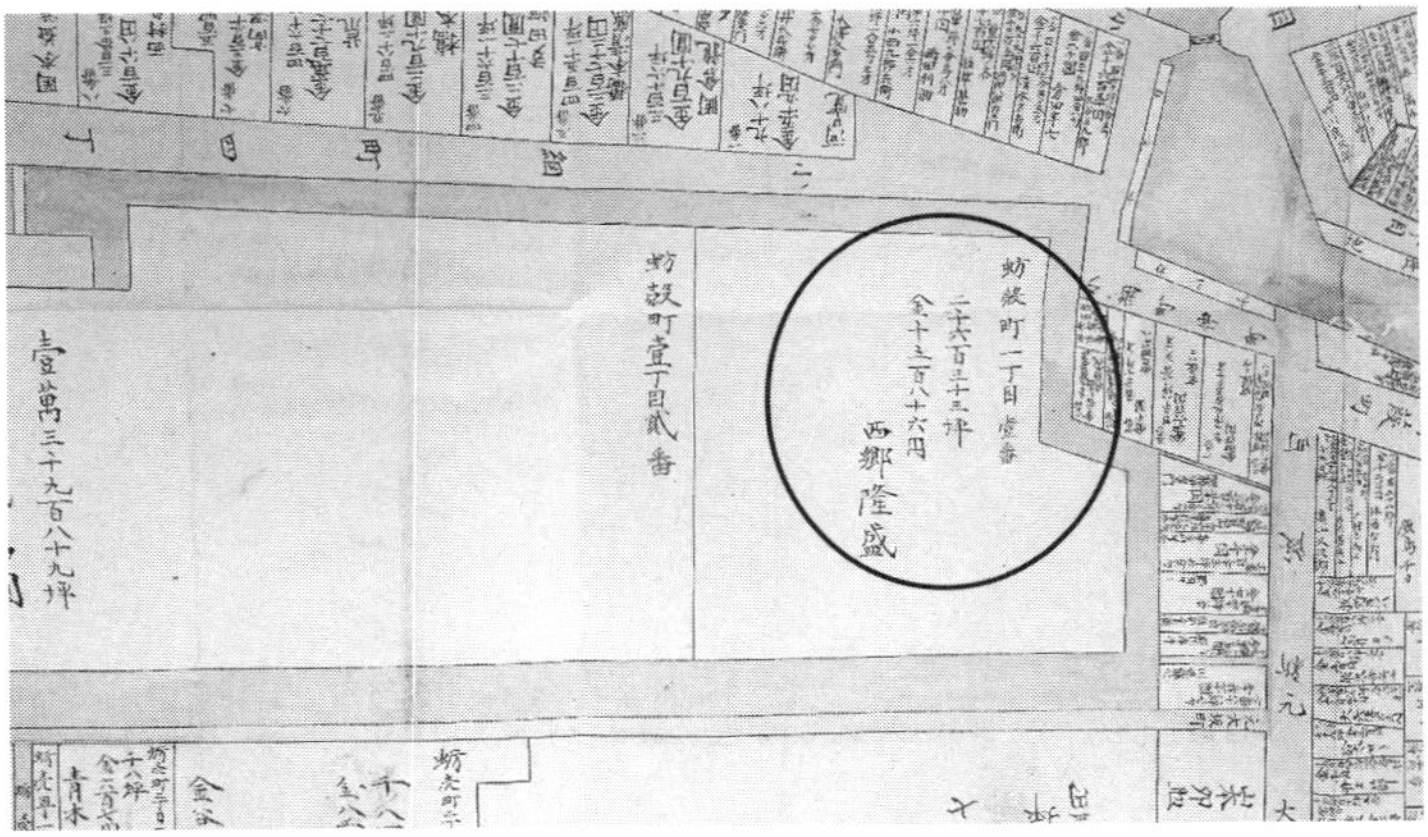

当時の住宅地図（西郷邸）

西郷は、明治元年十月中旬から明治四年一月二日までの約四年間は鹿児島を拠点にし、東京で本格的に活動するのは、明治四年四月二十一日以降である。

『翔ぶが如く』によると、西郷が東京で住んでいた場所は、日本橋小網町の旧武家屋敷とされている（『翔ぶが如く・第一巻』八十七頁参照）。

東京都公文書館に残されている当時の住宅地図によると、西郷が住んでいた場所は日本橋蛎殻町となっている。同地図には蛎殻町一丁目壱番、二千六百三十三坪、千五百八十六円、西郷隆盛と表示されている。蛎殻町は小網町と隣接しているが、西郷の住んでいたのは蛎殻町である。

『翔ぶが如く』をはじめ多くの書籍が西郷の居宅を小網町と表記しているが誤記である。

蛎殻町は日本橋川の北岸で、現在では地下鉄日比谷線人形町駅の近くにある。

この一帯は江戸古地図によると酒井《さかい》雅楽頭《うたのかみ》の中屋敷であったところで、明治維新後は薩摩の軍人や書生らが集団で住んでいたとされている。

一方、大久保は麹町に住んでいた。

当時、皇居も麹町区の中にあり、陸軍省、参謀本部など重要な機関は半蔵門や桜田門の近く

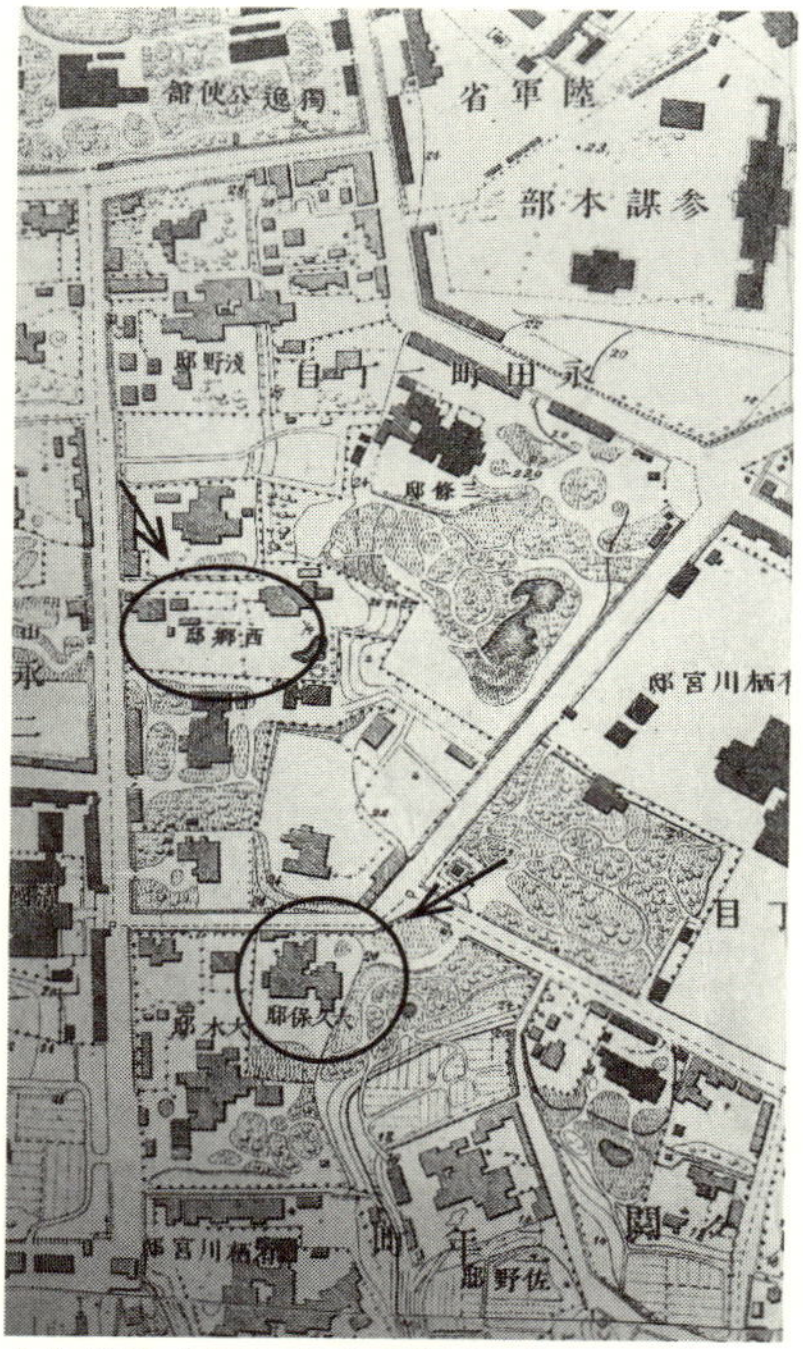

大久保邸（画面の下）西郷邸（画面の中）

にあった。天皇の勅裁を得るために、皇居の近くに重要な機関を置いたのだろう。

そして、当時の住宅地図を見てみると、大久保邸のそばに西郷邸もあることがわかる。西郷は蛎殻町と皇居近くの麹町の二カ所に住居を持っていたのだろうか。多くの書籍では西郷の居宅は小網町（正確には蛎殻町）となっているが、西郷は二つの住居を使い分けていたのかもしれない。

福沢諭吉は著書『丁丑公論《ていちゅうこうろん》』で東京の薩摩人の驕奢を批判し、鹿児島に残っていた士族たちとの生活の格差が不平士族たちにくすぶっていた、と述べている。

『丁丑公論』は、福沢諭吉が西南戦争終結直後に書いたものであるが、当時はこれを発表することを差し控えていた。その後約二十年間秘匿されていたが、西郷が明治天皇より恩赦を受け復権した後の明治三十四年、時事新報に初めて掲載された。

『福沢諭吉全集』に掲載されている『明治十年丁丑公論』によると、「……然るに該藩（薩摩藩）の士族にして政府の官員たる者は妾を買い、妓を聘する……後略」と書いてある（『福沢諭吉全集・第六巻』五百四十七頁参照）。

後略も含めて現代訳すると、「薩摩藩の士族で政府の役人たちは、東京の悪習をまねて妾を買ったり、芸者を呼んだりしている。立派な着物を着て贅沢な食事をするなど奢侈《しゃし》は甚だしい。これに対して薩摩に残っている士族たちは、西郷や桐野であっても衣食住を質素に暮らしている」

この時期、地租改正などにより地方の農民や士族の生活は困窮が続いていた。鹿児島から東京へ行き、近衛兵や邏卒《らそつ》（明治初期の警察官）として俸給を得ている者との生活格差は、日毎に大きくなっていった。

大久保邸

西郷が鹿児島に帰ったのは、征韓論で敗れたという理由だけではなく、東京での奢侈な生活環境が合わなかったのかもしれない。西郷が、政治の中心であった皇居から離れた蛎殻町に住居を求めたのもうなずける。

一方、大久保はまさに政治の中心に近いところに住まいを定めていた。

明治九年二月、大久保は麹町に壮麗な洋館を造り自邸にした。この情報は、鹿児島で質素に暮らしている士族たちへも伝わった。

司馬遼太郎は、西南戦争の遠因のひとつに、大久保が作った自邸の洋館もあるのではないか、と指摘している。鹿児島の武村で質素に暮らす西郷と大きな違いがある。

わずか五年前（明治四年）、近衛兵として鹿児島から東京へ出て行った士族たちは奢侈な生活を始めている。これに対して鹿児島に残った士族の質素な暮らしは続いていた。

また、大久保らは武士の特権もなくし、廃藩置県、地租改正などをおこなった。これらの政策権限を鹿児島の士族たちは、東京組の士族に与えてはいない。にもかかわらず、鹿児島に残った士族たちは、東京組は勝手に実行したと思い、急激に不平が増幅していったのではないだろうか。

そして東京では、大久保らによる新政府の政策が次々に実行されていく。

これらに反発するかのように、鹿児島の大山県令は鹿児島からの租税を中央政府に渡さなかった。

福沢諭吉が書いた『丁丑公論』には、この事実が次のように書かれている。

「……維新以来鹿児島県の歳入は中央政府の金庫へ入ることなし。……」（『福沢諭吉全集・第六巻』五百四十六～五百四十七頁参照）

西南戦争で、大山県令が私学校党へ多額の財政支援をおこなうことができたのは、このような背景があったからではないだろうか。

井上清の『西郷隆盛・下巻』には、次のように書かれている。

「……前略……県の役人には一人として県外人を用いず、すべて旧藩の士族をあて、県下の租税はほとんど中央へ上げず、県下の行政は形式上は中央政府の法令に従いながら、実質は藩政時代の士族独裁が行われ、職業や居住の自由もなく従来の身分制がそのまま続いていた。これは西郷が帰郷して、このようになったのではなく、以前からこのような状況だった」(『西郷隆盛・下巻』二百二頁参照)

鹿児島は、まさに独立国だった。そして質素を美学とする風土が培われていた。

参考文献

『福沢諭吉全集・第六巻』昭和三十四年十月一日、慶応義塾、岩波書店
『西郷隆盛・下巻』昭和四十五年八月二十五日、井上清、中公新書

第三章　西郷を見た人の証言

第九話
証言　西郷隆盛の実像を追う

海音寺潮五郎の『史伝　西郷隆盛』、林房雄の『西郷隆盛』、司馬遼太郎の『翔ぶが如く』などで描かれる西郷隆盛像は、何を根拠に書かれているのだろうか。

明治三十三年発行の『今世英傑少年時代』、明治四十三年発行の『日本及日本人』などの雑

今世英傑少年時代

日本及日本人

誌や、大正三年発行の『大西郷秘史』には、西郷の人物像を語る具体的な証言が数多く掲載されている。

多くの作家や歴史研究家が、西郷の人物像について、これらの証言を引用して後世に伝えている。

これらの証言を手がかりに西郷隆盛の実像に迫る。

なお、引用にあたっては、より分かりやすくするために、本文の流れに即して一部略、現代訳、要約、写真挿入した。

まず西郷菊次郎の証言を紹介する。

西郷と二人目の妻、愛加那の長男の西郷菊次郎は父、西郷隆盛との鹿児島での生活の思い出を語っている。

この証言は隆盛の死後、京都市長を務めた菊次郎が初めて語ったもので、記者による質問に対して口述筆記されている。

「思い出づるままに」～抜粋～

京都市長　西郷菊次郎

父は生前写真というものを唯の一度も撮ったことがありません。

他人と同列で撮ったというものもありません。なぜ撮らなかったかは分かりませんが、強いて推測すれば微功（わずかな功績や自分の功績）のない肖像を、後世に残す必要がないという謙遜から来たように思われます。

かつて在職中のことですが、畏きあたり（明治天皇）より写真を撮るように、との御言葉もあったようです。しかしこれもそのままになって仕舞いました。

西郷菊次郎

今日、家に伝わっていますのはだいぶ前のことですが、親族のものが父の肖像を得たいという希望がありまして、やむを得ず額は誰、眼や鼻、口は誰というように、それぞれ兄弟や近親者の顔の一部分をツギハギして、父の面影に似たものが出来ました。

当時の政府の印刷局にキヨソネというお雇い外国人がいましたので、これを送って描かせたのが、縦３尺の洋服姿の半身の鉛筆

キヨソネの西郷画

画です。

これが今、世の中にある父の肖像画の中で比較的正確なものです。このほかにも父の知人が描いたものもあります。

板垣退助公からも父の肖像を作りたいとのご相談がありましたが、一朝一夕にその姿を示すことは到底できません。それで折角ですが御辞退しました。

このことが板垣退助公の著書に掲載されたとのことですが、わたしはまだ拝見していません。

父は鹿児島にいる時は、屋敷内から一里半ぐらい離れた別荘みたいなところで、毎日畑仕事をしていてその合間に読書をしていました。

本を読んで、何か不審の廉（分からないこと）でもあるという人は、質問に来られていました。これらの人も用談さえ済めばサッサと帰っていきました。この間、戯談の一つも言って笑いあう様なことは決してありませんでした。

たまには、犬を連れてウサギ狩りに出かけられたりしましたが、罠でウサギを取るだけでした。

どこかの絵に出ているように、猟銃を肩にして出かけられた様なことは一度もありませんでした。

文書としては征韓論当時の建白書の様なものが、ただ一通我家に残っています。肝心の宛名が書いてないので分かりませんが、三条実美公へ出したものかもしれません。

それによりますと、韓国の暴状を責めるために、直ぐに兵を動かす如きは、いたずらに国家の塁（国へ好ましくない影響）を増すもので策の得たるものではない。この際は先ず堂々と使節団を派遣して、事の理非曲直（道理にかなっていることと外れていること）を糾し、何処までも大義名分を明らかにするがよい。もし韓国民が我が使節団に対して不穏の暴動があれば、その時はじめて問罪の使節を出すべきである。その使節団には自分を推挙して頂きたい、という意味の建白書です。

父の文字は、誰の手本を学んだものでもありません。最初はお家流で書風は世にあるものとは違っていました。

奄美大島に流されてから、そこで知人となった川口雪逢という人の書風を学んだとか、真似たりしたものではありません。全く自己流でした。書籍はたくさんありました。和漢の書籍が蔵にいっぱい積んでありましたが、今は一冊も残っていません。ただ、刀剣百本ほどは今日も家にあります。父の遺品はこれ以外には何もないのです。

二千石の賞典（褒美）をすべて教育の資金に差し出して、家には余財はありませんでした。

父は二十四歳のとき両親と死別して、それ以来国事に奔走して、毎日の食事さえ困難を来たすほどでありましたから、好き嫌いを言えるような余裕はみじんもなかったのです。

父の武術については聞いていません。

ひと通りやったかもしれませんが、際立ってどうかという物はなかったようです。父は、一大危難が身に迫った時、如何なる武術を心得ていても、最早致し方ないものだ、という流儀の様でした。

こんな話があります。

あるとき父が剣劇の大先生に会った時、自分には武芸のたしなみが無いと申し上げたところ、剣劇の先生は、「あなたは槍も刀も習われる世話はありません。拝見したところであなたの身辺にはどこにも打ち込むべき一点の隙間もない」と言われたそうです。この話にはお世辞もあると思いますが、そんな父でした。

叔父の西郷従道は長刀、父の従弟の大山巌は槍が得意でした。今でも残っている眼の疵はそれです。

父の生前の自作の詩集が一冊残っています。

これは父が自ら編集したものですが、字は他人が書いたものです。書名も表題もついていません。

詩文の添削は常に児玉源之丞という漢学者にお願いしていました。

要するに父の学問は、初めから順序系統を立てて学習したのではありませんから、雑ぱくなものです。世間には父の詩文を集めて出版したものもないではありませんが、中には父の作品として疑いのあるものもあります。鹿児島城千石街という詩も父の作品としてありますが、千石街には父は一度も住んでいたことがありませんから、誰かの作品と間違えたのだろうと思います。

身体はすこぶる肥満でした。壮年の時は酒をずいぶん飲んでいました。しかし後年は酒を飲むと苦しくてたまらないと云うので一滴も飲みませんでした。

肥満していても病気ということはありませんでした。

今でも記憶していますが、父の両眼は黒眼がちで、それはそれは怖いものでした。

もちろん、父のことであったからでありましょうが、眼丈は確かに人と違っていたので、父に接するものは皆、両手を畳についており、ほとんど仰ぎ見る人はいませんでした。

私は明治七年[1]に初めて父に伴われて東京に参りましたが、その時出迎えられた元老[2]の誰彼も頭を挙げるものはいませんでした。

上野公園の銅像の眼も充分ではありません。父の肖像画も真実の姿を写してはいません。

上野公園の父の銅像の衣装に、なぜあんな衣装を着させたのかということは、私は相談を受

上野公園の西郷銅像

けたことがないので分かりませんが、頭から銅まではキヨソネ氏の描いた肖像画に基づき、胴から下部は父の使っていた洋服のズボンを土台として組み上げたものだから、眼を除くほかは先ず難がないものと云って良いでしょう。

別に宗教についての意見はありませんでした。

家は代々神道で、父は殊のほか敬神の念が強かったと思います。

祖先を尊崇し、暇さえあれば私たちを連れて墓参に出かけました。墓では自ら草をむしり、水とホウキを使って墓地や石碑を綺麗に掃除されることが常でした。

敬神のことについては何か書き記したものが残っていたように思っています。

南洲の命日はすでに三十年祭を済ましています。月命日の二十四日には親族だけで潔斎（水浴して身を清めること）をやるだけです。

この七日（九月七日）には鹿児島で奉告祭を挙げると言ってきました。

別に差支えのないものですから、電報③をお見せしましょう。

この後、どんなインタビューが行われたかは不明であるが、雑誌『日本及日本人』に掲載された文章はここで終わっている。

［著者注］

（1）明治六年の間違いか？

（2）明治七年当時は、元老という正式呼称はないので、この雑誌の取材を受けた時（明治四十三年の前半か）の元老であると思われる。明治四十三年までに元老を受命したのは長州藩出身の伊藤博文、山縣有朋、井上薫、薩摩藩出身では黒田清隆、松方正義、大山巖でこのうちの誰かと思われる。

（3）菊次郎氏が示した電報には「来たる七日、南洲翁その他の志士の墓前に、韓国併合の奉告祭を挙げる」と書かれていた。韓国併合は明治四十三年八月二十九日なので、このインタビューは八月二十九日から九月二十四日までの間に行われたことがわかる。

次に西郷寅太郎の証言を紹介する。

西郷と三人目の妻、糸子の長男の西郷寅太郎は幼少時に父、西郷隆盛と甲突川で魚とりした時の思い出を語っている。西郷寅太郎は西郷没後、明治天皇の思し召しによりドイツに留学。帰国後習志野俘虜収容所長などを務めた。

おぼろに浮かぶ父の面影～抜粋～

侯爵　西郷寅太郎

私は幼少の頃、父と別れたので余り多くの事を知らない。今思い出すままに古い記憶を辿って父の面影を偲ぼうと思う。

私たち兄弟並びに従弟の隆準らは、父が沖永良部流適中、昵懇であった川口雪蓬翁から読書を授けられていたが、悪戯盛りで、なかなか雪蓬翁の言うことを聞かないので見るに見かねた父は「それでは俺が教えてやろう」と約一週間ばかり自ら教えてくれた。しかし、どうも思うようにいかないので「自分の子供は自分で教育するのは良くない」と又、川口雪蓬翁に一任した。

西郷寅太郎

このように、父は教育に苦心したようであったが、だからと言って教訓めいた話をしたように覚えていない。それは私たちがあまりに幼かったからであろう。

しかし祖先を尊崇することについてはよく父から言われた。

特に私は長男であるから、父が墓参りに行くときには必ず連れていかれた事を覚えている。

先祖代々の墓は鹿児島にあった。父が綿服ながらも紋付、袴の礼装に威儀を正して歩く後から、袴を着た自分がチヨコチョコとお供したものだ。

父が墓前にしゃがんで黙礼している後ろで、私も父のする通りに真似て、紅葉のような手を合わせ、「祖先の墓は大切にしなくてはならない」としみじみ心に思った。父は祖先の墓だけでなく月照師の墓にも黙然礼拝を怠らなかった。

父は川釣りが好きだった。

水がきれいな甲突川には鮎がたくさんいたので、季節にはよく鮎釣りに行ったが、その時は自分は始終お供を命じられた。否、父の後からついて行ったのである。

川釣りをする時の父の服装は、まるで漁師そっくりだった。筒のような衣服を着て、それを尻まで折って川瀬を伝いながら投網を打つのであるが、自分はちいさなビクを腰につるして獲物を取り集める担当だった。

自分は、父から一度怒られたことと、父を喜ばせたことがあった。

今、その一部始終を語ろうと思う。

武村の寓居で、晴耕雨読の閑散な日を送っていた頃のことである。

自分は幼少の頃、小鳥が非常に好きで籠に飼っていたが、ある日、この小鳥が死んだので、惜しいやら、悲しいやらで母に頼んで代わりに小鳥を買ってくれと駄々をこねて泣き騒いでいた。

父は裏の畑で仕事をしていたが、やがて一息いれようと縁先に腰かけ、私の泣くのを見ていた。

母は煙草盆に火を入れて持って行くと、父は黙って煙草を吸いながら泣き騒ぐ私を見つめていたが、余りにも私の駄々のこね様が激しいので、突然私をわしづかみにして、鉄の頑丈な煙管に火をつけたばかりで煙草が詰まっているのを私の首筋にあてた。熱いやら、怖いやらでこれほど怖ろしいことはなかった。しかし父は一言も言わないのである。怖ろしい父の眼がギロリと光っていた。

私は熱いやら、恐ろしいやらで、極力父の手から逃れようともがくと、コロリと煙管の火は落ちて首筋から背中を伝わった熱さは、この時ほど恐ろしいと思った事はない。

また、父が畑に居るときの事で、私は父が畑を耕している近くで遊んでいた。父はフキノトウが非常に好きであったが、子供心にも知っていた私は、土から芽を出したばかりのフキノトウを掘り出して父に渡した。

すると、父は非常に喜んでくれたが、余ほどうれしかったと見え、母に向かって「寅太郎がこれをワシにくれたのだ」といって、自らこれを台所へ持ってきて、自らこれを料理した。今でも母はこの時のことを話して「あの時は、よほどうれしかったようだ」と言っていた。父はフキノトウを刻んでゆがいて、酢醤油で食べるのが好きだった。

次に永田熊吉の証言を紹介する。

永田熊吉は西郷が最も信頼していた従僕だった。明治六年の政変（いわゆる征韓論）で西郷が下野する時も、熊吉は一緒だった。熊吉は『翔ぶが如く』でもたびたび登場する。西南戦争で薩軍が敗走する時、西郷は熊吉を連れていたが、熊吉は長井村（現宮崎県延岡市）で負傷した菊次郎を介護するため、西郷と別れた。

熊吉自身の談話を掲載しているのは、明治三十三年に発行された『今世英傑少年時代』だけで、他の書籍には見当たらない。その談話によると、西郷家が代々薬丸示現流を習っていたこと、西郷が薩摩藩邸へ出勤前に子供たちの勉強を見ていたこと、西郷が西別府で農業をしていたこと、など熊吉の証言は具体的である。

従僕が伝える西郷家の生活～抜粋～

永田熊吉

私の家は三代前から西郷家に仕えています。子供は男四人と女三人の七人でした。隆盛ドン（さん）が長男で、二番目は女でその人は今も存命していて七十二歳になります。

鹿児島には妙な習慣があって十五歳までは、同郷（区域の町）から外に出ることが許されません。昔の時刻で言えば朝の十時から夜の十時までは同郷の寮（学舎のこと）へ行って文武の修行をする。これは藩の法律でした。西郷家の兄弟もここへ行って勉強をしました。

従道ドンは長刀《なぎなた》を田代惣左衛門という人から十六歳から二十歳の時まで習ったように記憶しています。剣術は薬丸半左衛門という人から三年ほど習ったように覚えています。双方とも免許までは取れませんでした。

隆盛ドンが学問を教えていました。隆盛ドンは毎朝十時に出勤する前に、十七人から二十人ぐらいの子供たちに学問を教えていました。薩摩藩邸の勤めは朝の十時から午後の二時までで、その前後に子供たちに教えていました。大山巌も隆盛ドンから習っていました。

薩摩藩の規則として武士は武士、町人は町人として住まいを分けていました。西郷家は加治屋町という武士だけの町に居ました。その頃の家格は低くわずか五十石の知行（土地）を持っていました。家はどの家も草ぶきでした。西郷の家は八十坪ほどあって、十二坪ぐらいの板蔵がありました。

そのほか、西別府に昔から使っている下屋敷がありました。下屋敷で農業をやっていました。隆盛ドンもその父も皆農業をやり、自ら田畑に出ていました。

次に大山誠之助の証言を紹介する。

西郷隆盛と愛加那の娘、菊草（菊子）の夫である大山誠之助は、西南戦争では薩軍の桐野利秋四番大隊長の下で出征した。西郷とは戦地で二度面会しており、その時の様子を「長井村が最後の決別」と題して寄稿している。大山誠之助は官軍として戦った大山巌の弟でもあった。兄弟で官軍と薩軍に分かれて戦った。

長井村が最後の決別

大山誠之助（大山巌の弟）

翁（西郷隆盛）は征韓論が破裂（決裂）した時は、蠣殻町の第五国立銀行のあるところに家を持っておられた。極く小さな汚い家であったが、書生と従僕と犬と同居していた。

私は翁が辞表を出される三日ほど前に、西郷邸に行ってみた。翁は、今後は到底駄目だろう、破裂より外にあるまいということを申していた。果たして二十六日は大破裂だった。

翁はすぐに熊吉と従者と犬とを携えて、姿を隠してしまった。

明治十年の戦いで、私は四番大隊八番小隊の分隊長だった。大隊長は桐野利秋だった。

私の所属隊は確か、二月二十一日に熊本に着いたと記憶している。本営は春日村の少し先に置かれた。私は分隊を指揮し、安巳橋に分営していた。南洲翁が御着になったと聞いて直ぐに南洲翁にお目にかかった。その時は、ただ簡単な挨拶だけして帰ったが、翁は「フッフッ……」と笑われただけだった。

日向（延岡）の長井村で包囲された時も、翁と一緒にいた。

最初の一日、二日は、良い猟場を見つけたと言ってウサギ取りに余念がなかったが、確か三日目だったと思う。翁は桐野に向かって「敵が五重も六重も取り囲んだとな、それじゃどこかを打ち破らねばならない」と言って、自ら武者振り勇ましく陣頭に立たれた。南洲翁自身が実兵を指揮せられたのは初めてだった。

いつもは籠《かご》に乗って歩かれた翁も、この時は徒歩で指揮せられた。

翁が自ら御指揮になるというので俄かに、士気百倍して壮烈に突撃し猛烈に斬りまくったけれども、如何にしても血路（敵の包囲を破って逃げる道）を開く事が出来なかった。

然るに翁は自若（落ち着き、心や態度に少しの乱れもないさま）として指揮を続けられた。桐野等が泣きすがって翁を引き留めたこともあった。

可愛岳《えのだけ》を破って切り抜けることが決まった日、私は可愛岳を偵察していて、敵弾にやられて捕縛せられた。翁とともに戦うことが出来なかったのは甚だ残念である。長井村が翁との最後の決別になった。

次に黒田清綱の証言を紹介する。

黒田清綱は旧薩摩藩士で、明治三年に新政府に招集された。川路利良とともに警察制度の設立に参画した。

西郷の死後、三条実美に名誉回復を進言した。大正六年死去する。

南洲翁は廣世の英雄～抜粋～

子爵　黒田清綱

～前略～

翁（西郷隆盛）は国事については、常に身命を投げ打つことを躊躇しない人である、と同時に天道を信じて疑わなかった人である。所謂、人事を尽くして天命を待つという崇高な信仰を有していた人である。

征韓論が浮上した際、朝鮮の事は心配いらぬ。帰りにロシアに回って同盟を結んでくる、と言われたことを記憶している。私が翁と最後に会ったのは征韓論の是非が激論されていた頃である。

その際、吾輩に対してこのように言われた。紈袴者（貴族で柔弱な頑固者）では何事も出来るものではない。満腹の赤心（うそ偽りのない心）を披露して堂々の論陣を張ったところ、列席の諸公は黙して一言もなかった。ただ三条公のみは応答し、繰り返し反問された。三条公は敬服に足る豪傑である、と言って笑われ

黒田清綱

た。

　これが私と翁との最後の別れであった。

　それから、五卿事件[1]の時は、博多の甘木屋という旅館に一週間ほど翁と同宿した。

　翁が鹿児島へ帰られるとき、後事を吾輩に託して、この場合はこのようにせよ、と細かい戦略まで授けられた。

　幕府の御目付け役の小林甚五郎という人物が五卿を引き取りに来た時、吾輩は藩命で五卿の警備にあたっている以上、藩命が無ければ、腕力を使ってでも五卿の引き渡しは出来ないと主張した。これも翁の方針で、吾輩は翁から授かった任務を果たしただけに過ぎない。〜後略〜

［著者注］
（1）五卿事件とは西郷らが計画したもので、幕末に三条実美ら五人の有力な公卿を京都から大宰府に隔離させた。これに対して幕府は五卿を引き取りに大宰府まで来たが、黒田が拒否したもので、海音寺潮五郎の『西郷隆盛・雲竜の巻』でも紹介されている（同書、二百六十八頁参照）。

　次は西郷吉之助の証言を二つ紹介する。

　西郷吉之助は、西郷寅太郎の三男で、法務大臣などを務めた。昭和二十七年の『文藝春秋十一月号』、昭和三十九年の『文藝春秋六月号』に祖父の西郷隆盛像を寄稿している。

我が祖父・西郷隆盛　〜七十五年祭を迎えて〜

西郷吉之助

〜前略〜

祖父は刻み煙草を愛用していたが、居間はその煙でいつもモウモウとしていた。居間には常にリンカーンの肖像画がかけてあり、祖父はリンカーンに対して敬愛の念を持っていたようである。ワイシャツなども外国製のものを使用し、古くなると下男にその大きなお古をやるので、下男はダブダブのワイシャツを着て庭掃きなどをやっていたようである。祖父の犬好きは有名であるが、武村の家には常に十数匹飼っており随分騒々しかったそうだ。

祖父がある時、町に出て蒲焼屋に入り蒲焼を注文したところ、そこの主人はどうも妙な風態の大男なので安物でよかろうと一番悪いのを焼いて出した。すると祖父はそれを犬に食べさせて帰って行った。蒲焼屋の主人は食い逃げと早合点し、追いかけて代金を払わずに帰っては困る、とたしなめたところ、祖父は代金は煙草盆の下に置いてあると答えた。主人は帰って見ると代金以上のお金が置いてあったのでびっくりした。近くの人にあの人はいったいどこの人、と尋ねると祖父であることがわかり恐縮したということがあった。

ウサギ狩りに行くときは、書物を行李につめて、馬に背負わせ自分で馬を引いて百姓の家に泊めてもらっていた。獲物のウサギは自分では食べず百姓さんへ与えるのが常だった。猟に行かないときは読書をしていた。今も祖父の蔵書が大分保存されているが、いずれも南洲という印鑑が押してあった。

征韓論に関して、我家の資料が歴史家に知られていないため、これまでに発刊された南洲伝は正鵠を得ていない。征韓論と言う言葉は誤解を与えるが、これは後世の人が付けたのであろう。

昭和二十七年の『文藝春秋十一月号』

隆盛じいさんとばあさん

西郷吉之助

～前略～

三回の島流しが爺さんの婚期を遅らせた。許されて帰った翌年の慶応元年に鹿児島で結婚式をあげている。時に三十八歳。相手は薩摩藩士族の岩山八郎太の娘で糸子という二十四歳の女性だった。

翌年には私の父の寅太郎が生まれ、続いて午次郎、酉三と三人の男の子を得ている。名前は何のことはない十二支だ。そのころ、爺さんがつけていた日記を見ると「寅太郎、武尋常小学校に入学」というのがある。

爺さんと祖母さんの結婚生活は、いつもあわただしいものだったが、それさえ長くは続かなかった。十五年に満たない年月である。

薩摩から一万五千人の兵とともに出陣した時、私の父はまだ小さかったので、武の家から下男に背負われて島津公の屋敷に行き最後の別れをしたという。祖母さんが苦しかったのは、爺さんが城山で自刃した後だったのではないだろうか。武の家は戦争で焼かれ、二里ほど離れた西別府という山奥の小屋に一家避難したのだが、賊軍の頭という汚名を着せられたわけで、西別府での蟄居生活は苦しいものだった。

私が中学三年だった大正十一年に八十五歳で大往生をとげるまで、祖母さんはずいぶんいろいろな思い出話を聞かせてくれた。

爺さんが城山で自刃した報せが伝わった時、侍従長は深夜、明治天皇に奏上し「西郷を殺すんではなかった」といわれて、涙をこぼされたという話は広く知られているが、遺族がまだ賊名も晴れぬまま山小屋に蟄居していることを聞いてご心配になり、明治十七年に長男に会いたいから東京へ呼べという異例の勅令を出された。

父はまだ十八歳の書生だったが、上京して拝謁したところ、賊軍の子であり十分な教育も受けられないだろうからドイツ留学を命じるというお言葉を頂いた。明治天皇がいかに爺さんを慕っておられてか、このことからもよくわかるが、肝心の父がこの御下命を受けるといわなかったので、祖父の弟の従道や伊藤博文など周囲が上を下への大騒ぎになった。結局、まだ存命だった勝海舟先生にお願いして説得してもらった。ようやく一年かけて父も折れてドイツの士官学校へ留学した。この頃には、祖母さんも上京して麻布市兵衛町の家で私達と起居をともにするようになった。

爺さんは本当に欲のない人だったらしく、そういう点では祖母さんを苦労させたことはなかったらしいが、祖母さんが当惑気味に話してくれたのは、じいさんの犬好きの話だった。家にはいつも十匹ぐらいの薩摩犬がいたらしい。

祖母さんがせっかく作った料理を犬にやってしまうので、ずいぶん悲しい思いをしたこともあるらしい。上野の西郷銅像の除幕式に参列したばあさんは、亡き夫の銅像が威厳のある姿ではなかったのが不満だったらしく、よく気にしていた。～後略～

昭和三十九年の『文藝春秋六月号』

次に板垣退助の証言を紹介する。

明治六年の政変で内閣を辞職した板垣退助は、「西郷南洲と予（板垣）との関係」という題で約一万三千字を超える長文を寄稿している。

板垣退助の寄稿文は、幕末の薩土同盟を結ぶ経緯から征韓論で西郷が内閣を去るところまで、関係者の実名入りで生々しく語られている。

西郷南洲と予（板垣）との関係

伯爵　板垣退助

板垣退助

■薩土同盟の締結について

亡友の西郷南洲が逝きて三十三年、今や朝鮮併合が実現した。

朝鮮併合の事は聖詔（天皇のお言葉）が明らかにされたように平和の補償、禍根の除去、国防の充実などさまざまな点からやむを得ずして、ここに至ったもので私がかつて征韓論を唱えたるのもこれに他ならない。

征韓論者として生存しているものは自分ひとりになってしまった。また世間が亡友（西郷隆盛）のことを曲誣（事実でないことをでっちあげること）し、征韓論に関する我々の主張を誤解する者があるのでこれを正し、歴史を誤らせないようにするのは、私の責任であると思う。

私が初めて南洲と会ったのは慶応三年五月、京都の小松帯刀の邸だった[1]。

そこで薩摩の吉井幸輔（吉井友実の別名）と会い知り、吉井は

吉井幸輔

志を同じくする同志で一日、国事について語り合った。私は次のように述べた。

「世間の人は、議論はすでに尽きている。大いに決断をすべき時期に来ていると言っている。しかし自分はわずかに議論が熟していないことを物足りないと思う。論議に魂がない病のようなものだ。人間最後に決心するのは議論が尽き、情が窮まったところにある。こうした後に、天下の大事をなすべきである」

　これに対して吉井がその方策を聞いたので私は次のように答えた。

「方今京師（ただ今京都）は四方紛糾（周囲が紛糾）しており、議論があちこちで行われ、事を決める地ではない。～中略～若し齟齬せば割腹して罪を謝せんと。石川（中岡慎太郎の別名）が席を立ちて曰く、僕乞う之がために西郷氏のところに質となり、事もし違わば割腹せんと」。西郷曰く、「大丈夫の言、近来の快事也、必ず盟をともにせんと。満座亦快を呼び、喜色《きしょく》眉宇《びう》に溢れる。更に西郷曰く、これ道理あるの請け也。乞う心を安ぜよ、直ちに人を遣わして之を処せんと」

【現代訳】京都は現在騒然としており議論する場所ではない。～中略～もしうまくいかなければ板垣は割腹して謝ると述べると、中岡慎太郎は自分が西郷のところで人質になり、実現しなければ割腹すると述べた。すると西郷は、大丈夫、これはまれにみる喜ばしいことで必ず薩土同盟を結ぼう、と語った。全員、眉がたれるほど喜びに溢れた。西郷はさらに続けた。この盟約は道理のあることで、安心していてもらいたい。すぐに仲間を派遣して処理する。

［著者注］

（1）『大西郷伝・第二巻』によると、五月二十一日、中岡慎太郎、板垣退助、小松帯刀、西郷隆盛が王政復古について意見交換し、その五日後の二十六日、西郷邸を中岡慎太郎、板垣退助が訪問している。この会合で倒幕と王政復古を確認し、約一カ月後の六月二十一日、薩土同盟が結ばれる（同書、三百三頁参照）。

この証言には、薩摩の西郷と土佐の板垣が薩土同盟を結ぶ際のいきさつが生々しく語られている。

■江戸薩摩藩邸焼打ち事件について（1）

時に予（板垣退助）が薩摩藩邸に託せし関東浪士は、勢い（元気の良い）侍で白日四出（昼間からあちこちに出回り）、剣を鳴らして横行するに至り、中村勇吉が先ず捕らわれる。相良総蔵が勇吉に代わりて頭領となり、その部下約百五十人が庄内藩の兵を撃つ。幕府は之を怒り、庄内、鯖江、壬生、吉田の四藩の兵を使って薩摩藩邸を焼打ちする。殺傷百余人、慶応三年十二月二十五日の事にして、これがために幕府は初めて倒薩の命を下し、薩藩も大に決するところあり、実にこれ維新革命の開幕第一劇なり。

［著者注］

（1）慶応三年十二月二十五日、三田の薩摩藩邸が焼打ちされたことは多くの歴史書に書かれているが、その原因と負傷者の内容について板垣は具体的に証言している。

■板垣が見た西郷について

新政府組織せらるに及んで、予（板垣）が初めて正院に至るや、三条公以下閣員が皆列座せる前に於いて、西郷は予（板垣）を見て大声で語って曰く「板垣さんは怖ろしい人よ、薩摩の屋敷に浪士を舁《かつ》ぎ込《こ》み、戦をおっ始めさして、怖ろしい人」と。

【現代訳】新政府が組織され、板垣が初めて正院（廃藩置県後の太政官職制の最高機関）に行ったとき、西郷は板垣を見て大声で次のように語った。「板垣さんは怖ろしい人だ。薩摩藩の屋敷に浪人を入れ、その浪人たちが先導して薩摩の兵士たちを彰義隊や旧幕府軍と戦わせた。実に怖い人だ」

予（板垣）はこれに応じて「是は近頃迷惑千万の事なり、浪士を取締っていた人（西郷隆盛）は、ずいぶん危険な人であったらしい。しかし良い幕引きでしたね」と答えれば、西郷は巨口を開き、頭を抱きつつワッハッハーと哄笑しぬ。蓋し、はなはだ得意なるときは西郷は頭を抱いて哄笑するを常としたりき。

異日また西郷は正院に在りて予（板垣）に曰く「戊辰の戦いで死んだ人は沢山あるが、此戦で生きた人は板垣さんばかりじゃ」と。蓋し西郷は若し、かの戦いにして無かりせば、予（板垣）は疾くに藩の為に殺されたるべきを知れる也。

【現代訳】板垣は西郷の発言に応じて「これは迷惑な話だ。私より浪士を取締っていた西郷さんはもっと危険な人だ」と答えると西郷は大きな口を開け、頭を抱えてワッハッハーと苦笑いした。思うに、西郷は得意な時は頭を抱えて笑うのが常だった。

ある日、西郷は正院で私に次のように言った。「戊辰戦争で亡くなった人は沢山いるが、この戦争で生きた人は板垣さんだけだ」。確かに西郷がもしこの戦いにいなければ、自分はすぐに藩に殺されることを西郷は知っていた。

■征韓論の真相について

征韓論は実に予（板垣）と西郷との斯の如き交情に発し、二人相議して之を提唱するに至りたるものなり。

征韓論の真相を知らんと欲せば、当時に於ける時勢の境遇を詳らかにする必要あり。

当時内閣に提出されし三個の問題あり、第一は北海道開拓使長官の提起せし樺太露兵暴行事件、第二は熊本鎮台司令官桐野利秋の齎《もたら》せる台湾生蕃（台湾の高山族のこと）の琉球漂民殺戮事件、第三は所謂征韓論なりき。

これが問題の提出者は、いづれも自己の提案に固執して国家の急務なりと主張し、相争うて譲らず、黒田は征韓論に反対せしも、桐野は絶対に反対せしにあらずして、後には自説を撤回して之に賛成せり。

然れども、彼及び薩人の大半は西郷を使節として派遣するは得策に非ずとした。

桐野はこのため予（板垣）に曰く「西郷を出せば野蛮なる漢人は之（西郷）を殺さん。国家のため得策非ず。之を抑留（おさえとどめる）するは閣下（三条実美）をおいて他になし。故に切に之を閣下に乞う」と述べた。

当時、予（板垣）は三条太政大臣より西郷を抑留して副島（副島種臣）に代えんことを依頼せられていたので桐野の情（思い）を諒とした。

西郷の如きは、当時最も平和主義を持し大使として韓邸に赴くや、烏帽子《えぼし》直垂《ひたたれ》（武士の衣服で、軍服ではない・写真参照）で之に臨み、威武《いぶ》（威力と武力。勢いが盛んで強く勇ましいこと）を示さず、韓国が暴行を加えるに到って初めて之を撃つべきを主張した。

烏帽子直垂の男性

征韓論は斯の如く平和論を以ってその基本と為せるなり。

■桐野利秋を叱り飛ばす西郷について

或る日、西郷を訪ねる。然るに西郷は既に其のことを察知したるが如く、予（板垣）の未だ口開かざるに先立ち、語を為して曰く。

「板垣さん、桐野という奴はつまらぬ男で、近来（最近）私が朝鮮へ行くのを止めんとばかりに奔走する様子である。この頃（最近）も彼が私のところに来たれるにより（来たので）、貴様（桐野）の従弟の別府伸晋介は俺に『今度は死んでくれ』と言っている。貴様は俺の朝鮮行きを邪魔している。貴様は晋介に遠く及ばないと叱りつけてやりました」と述べた。

予（板垣）は西郷の決心奪うべからざるとみて、帰途、直ちに三条公の邸を訪れ、西郷の決意を告げた。

この際、もし西郷の使節を止めさせることがあれば、西郷は憤死することもありうるので断然西郷を派遣せんことを慫慂（しきりに勧める）した。

■板垣の激励に身震いする西郷について

西郷を薬研堀の邸に訪ね、将来に処する方法を講ずるや、西郷曰く「板垣さん、私は我事が一つも実現されない。むしろ北海道に引込んで鍬を提げて終わらんかと思う」述べた。

予（板垣）曰く「それは西郷先生の言葉とも思えない。あなたは多年最も国家に尽くされた人で、私も驥尾《きび》に付した（すぐれた人に従って行けば、何でもなしとげられる）つもりである。

回顧すれば同志の死は多くが身をなげうって国難に倒れたのであるが、生き残れる同志が必ずその志を継いで維新の大業を成就し、皇国の発展を図ってくれるだろうと信じて瞑目（安らかに死ぬこと）したと思う。

にも拘らず、遁世《とんせい》（隠棲して世間の煩わしさから離れること）して、泉下《せんか》（あの世、死後の世界）の同志に対するその責任を如何せんとするのか」と述べた。

西郷は面色（顔色）火の如く（まっ赤になり）、其の肥大なる身体は震え、座床為に震動した。

西郷は予（板垣）の言の終わるや否や、膝を叩き声を出して曰く「板垣さんやりましょう」と述べた。

■板垣が見る西郷の人間性について

西郷は人の虚（油断、すき）に乗じて事を行うが如き、卑劣な人物ではない。

寧ろ退いて鹿児島に帰り、更に堂々の軍を起こして之を行わんと言うが如き、公明正大な人物にして、「策」といい「略」というが如きは最も忌み嫌うところ。

磊々楽々《らいらいらくらく》（小事にこだわらず、さっぱりしている）の日常の皓然（明るく輝くさま）たるは彼の襟度《きんど》（心の広さ、度量）なりし。

ただその公明正大さが寸毫も私曲（不正な手段で自身だけの利益をはかること）がないために、却って他の権畧《ごんりゃく》（その場に応じた策略、権謀）の乗ずるところとなり、晩年の失敗を招いた。

彼の短所は同時に彼の長所であり、このため西郷の大人物たるを損せざるのみならず、彼を群小（多くの取るに足らないこと）の上に超然として一代《いちだい》の渇仰《かつぎょう》（その時代に心からあこがれ慕うこと）に値する偉人たらしめたり。

次は樺山資記の証言を紹介する。

樺山資記は、鹿児島市の高見橋近くで生まれた。生家跡には現在、記念碑が建てられている。

明治六年、西郷が参議を辞職する時、樺山は日本におらず、清国（中国）の事情視察のため福州にいた。

その後、明治七年の台湾征伐の時には大久保利通に随行して台湾に渡った。西南戦争の前年に熊本鎮台の参謀長に任ぜられた。

樺山は薩軍が鹿児島から挙兵し、熊本を通過するにあたっての交渉経緯を紹介している。

功は人に譲り、罪は自ら負う

海軍大将　伯爵　樺山資紀

よく征韓論というけれども、西郷の真意は初めから征韓論ではなかった。使節論であった。兵力を持って朝鮮を討つというものではなかった。それを征韓論としてしまったことは、私は穏やかではないと思う。

薩南の形勢（薩摩の情勢）は日に非なりというので、吾輩は胸を痛めて、偵察を遣らせてみた。

樺山資紀

私は、南洲翁は断じて兵を率いて出られぬということを信じて、少しも疑わなかった。

薩南の隼人が神出鬼没して、地面を荒らす（戦いになる）ことになると困ったものだと思っていた。

もし篠原（篠原国幹）などでもやって来ようものなら、それこそ大いに議論して、刺し違えて死のうと覚悟していた。

私が熊本鎮台の参謀長の時、鹿児島県令大山綱良の専使（特使）と称する二人の壮士（薩摩藩士）がやって来て、鎮台司令長官の谷少将に会いたいと申し込んできた。

私が会ってやるから連れて来いと言い、営庭（本営）の天幕の中で接見した。

会ってみると案外、青二才で、得意気に差出す書面を見ると、「今般、陸軍大将西郷隆盛別紙の理由を以って政府へ尋問の廉あり」と書かれた県令からの通告状である。別紙は中原尚雄等の暗殺云々の聴取書である。

私は「もし兵器を携え隊伍を組んで城下を通過するが如きことあれば、断じて假借（みのがすこと、ゆるすこと）は致さぬ、ということを速やかに帰り伝えよ」と命じた。

すると「それでは困ります。薩軍は熊本から小倉に出るのです」と言ったが、私はそれを叱咤して引き取らせた。

しばらくすると、今度は熊本県庁からの使いが来た。今度は西郷大将の名前で「自分儀、政府へ尋問の廉あり……熊本鎮台通過の際は諸兵整列指揮相受けらるべき事」という奉書（西郷の意を奉じて下達する文書）に書いた不都合（けしからぬ）な書面で、その時の私の残念さは死ぬまで忘れることが出来ない。

断じて南洲翁がされたことではない、と思った。

後で聞くとこの専使も書面も、主として寺田平之進(1)などが独断でやったことで、南洲翁がこのことを知られたときは、只ならぬ御立腹であったと言うことである。

［著者注］

（1）海音寺潮五郎によると、寺田平之進は、村田新八とともに西郷が将来を嘱望していた青年だったと、紹介している（『西郷隆盛・雲流の巻』参照）。

次は高島鞆之助《とものすけ》の証言を紹介する。

高島鞆之助は戊辰戦争では薩軍の小隊長として、北越の勇将、河井継之助と戦った。明治四年、西郷の推薦により侍従番長を務め、江藤の乱では勅使として佐賀に赴いた。明治十年、西郷らが決起すると、勅使の柳原前光に同行して鹿児島を訪問。西南戦争では官軍として戦った。

明治二十四年、松方内閣で陸軍大臣を、明治二十九年、伊藤内閣で拓務大臣などを務めた。大正五年没。

王政復古の大業はこれからだぞ

高島鞆之助

～前略～

戊辰戦争が終わると南洲先生はすぐに帰藩されて、ほとんど物外（俗世間を離れたところ）に閑臥《かんが》（心静かに生活）しておられた。そして頭髪を剃り落して、名前も梅一と称していた。梅一という名前は、先生の住いがあった武村に盲目のアンマがいて、先生の家にもしばしば出入りしていた。

その名前を先生は使っていた。先生がクルクル坊主になられたので、実に見ものだった。しばらく閑臥していると、戊辰戦争で帰順した東北地方を一巡することになったので、先生は坊主のまま、武村を出られた。その時、我輩は先生に随行して行った。

先ず山形へ行った。すると藩主は官軍に帰順の意を表して、先生に会いたいというから場所を定めて会見した。我輩は先生に従って後方に控えていた。

双方の初対面の挨拶があって、先生が「私は薩摩藩の西郷一梅でござる」と言われた時は、我輩は噴き出してしまった。官軍の総大将である先生が藩主との会見で、梅一ではおかしいと思われ、梅一をひっくり返して一梅と言われた。真面目腐ったその様子がそばで見ていて可笑しかった。

藩主は頭を下げて敬意を表していたが、先生の態度はそれ以上に丁寧な態度であった。

会談が終わってから我輩は先生に対して「先ほどの応対は丁寧すぎはしませんか」と訊ねたら先生は破顔微笑されて「戦争に負けて降伏するのだから、官軍に対しては怖がっている。だから丁寧に接すると意中のことを話すものだ」と答えられた。我輩は先生の考え方に敬服した。

翌日になると先生は早々に帰京された。我輩も随行しようと思っていると、はからずも守備隊付きを命じられた。腹が立ったがやむを得ぬので、毎日遊んでばかりいた。ある日、この地を訪れてきた薩摩藩士の右松祐永に後事を託した。

江戸に急行してみると先生はすでに帰藩された後だった。そこで我輩も帰藩した。鹿児島に着くや否やすぐに武村の住いに先生を訪ねた。先生は魚釣りから帰宅されたばかりであった。我輩を見て「やあ、高島じゃないか、珍しい。こちらへ来い」と迎えて頂いた。実はこの時、我輩は先生に対して恐怖を抱いていた。

というのは山形から無断で帰って来たので、必ず叱られるものと覚悟していた。ところが丁寧に応接されるので、薄気味悪く座敷に上がり山形以来のことを語った。すると先生は意外にも大笑いをされた。

「それは良かった。戦争が終わった後にいつまでも居る馬鹿いるか。ようこそ帰って来た」と大変褒められた。しばらく談笑した後、我輩は「先生、倒幕の戦争は終わりましたが、これからどのように為されるおつもりですか、京都では先生の御帰郷を非難されています。上京されては如何ですか」と思い切って言った。

すると先生はあの巨眼で睨み、「なんだと貴様は倒幕の仕事が済んだと思うか、王政復古の大業はこれからだぞ。馬鹿者が」と言われ、怖かった。

顔も上げることができなかった。今でもその時のことを思い出すと冷汗が出る。それから先生は再び上京されたが、薩摩藩の制度は悉く改革され、兵隊の数もこれまでの三倍にした。廃藩置県の準備も整えていた。つまり先生は廃藩置県の改革も我藩から固めていて、その後、天下に及ぼすという深い思慮があり、帰郷していたと思われる。①

明治六年の頃は西郷さんに付いていた。

丁度、征韓論が朝廷を騒がせている頃、大久保さんが欧州より帰国した。

西郷さんが自分（高島鞆之助）に向かって、「一蔵が帰った様子だから、お土産話を聞きに行くのでお前も連れて行こう」と言われお供して大久保邸へ行った。ところが、洋行の土産話どころか外国の外の字も出ない。談話は種々雑多の世間話で朝鮮の話さえも出ない。両雄とも横になって肘枕で話していたが、大久保さんが出し抜けに「君も時々は内閣に出て下知（命令）してくれれば良いのだが……」と切り出した。

西郷さんはこれを聞きムクッと起き上がり端座（正座）して、例の大きな眼を皿のように広げた。あわや喧嘩になりそうな状況だったが、西郷さんは一言も言わずにスルッと立ち上がり「高島、もう帰るぞ」と言うや否や別れの言葉もなく立ち去った。自分も仕方がないから後について立ち、玄関で履物を履いていると「あのカステラを持ってこい」と言われた。

さすがに自分も之には大いに困ったが、再び座敷に戻ると大久保さんは依然として横になっておられた。急いでカステラを取り西郷さんへ見せたら破顔一笑の大満悦だった。

西郷さんは国事の話をする時は、横になっていても起きて端座（正座）し、皇室の話をする時は、座っている座布団をはずして語るのが常だった。

［著者注］

（1）松本清張は、著書『西南戦争』で、明治新政府が全国にいる二百万人の士族の困窮を見殺しにしているなかで、西郷は士族の救済を薩摩藩士から着手し、新政府の下に軍隊を編成して士族の失業救済にあてた、としている（『松本清張全集二十六・西南戦争』四百六十六頁参照）。

次に伊藤博文の証言を紹介する。長州出身の伊藤博文は大久保利通の筆頭秘書的な存在だった。伊藤は常に大久保の近くにいた。

伊藤の証言では、西郷と大久保の最後の会話を紹介している。この会話は司馬氏や海音寺氏らも引用している。

また、川路大警視を痛烈に批判するとともに、島津久光公が大隈重信と大喧嘩した時のことを紹介している。

長州出身の伊藤博文は、初代内閣総理大臣に就任。明治四十二年、中国のハルピンで暗殺された。

南洲像

伊藤博文

大久保と西郷の、最後の別れ際は確かに良くなかった。

南洲翁がいよいよ帰郷するというので、大久保公のところへ暇乞いの挨拶に来られた。その時、西郷は「後を頼む」と言われると、大久保は「知るもんか」と言う様なことを言われた。余（伊藤博文）はびっくりしたが、南洲翁はそのまま帰って仕舞われた。

日頃から両雄とも寡黙の人であるから、この会話の本当の趣旨は分からないが、推察すると南洲翁の真意は「天下の事は上手くやってくれ」という善意の言葉だったと思う。

しかし大久保公の気持ちは、大事な時に自分ひとり帰郷して、後のことを自分ひとりに引き受けさせるのは勝手だ。ダダを言わずに一緒にやってくれという、親友同士のすね言葉であったと思う。この時、そばにいた余（伊藤博文）さえ妙に聞こえたから、南洲翁も無論、いい感じは無かったと思う。

だから後で余（伊藤博文）は大久保公に「あんな言い方はな

伊藤博文

い」と言うと、大久保公は「そうか、すこし言い過ぎたか」と言っておられたことがある。

それから、鹿児島が不穏な情勢になった時、大久保公は「そうであれば自分が西郷に会いに行く」と言われた。この時我々が「すぐに行ってください」と言えば、あんなことにはならなかったかもしれないので、今から考えると実に残念なことをした。

しかしあの時の鹿児島の情勢から言えば、大久保公を鹿児島へ送り、話がまとまれば良いが、もしまかり間違えば二人は刺し違えるかもしれない。

もし二人が死んだら国家の前途がどうなるかが一番の心配だった。大久保公の鹿児島行きを止めたのが第一の遺憾である。

それから第二の遺憾は川路大警視が国情視察のため偵察隊を送ったことだ。

これは確かに私学校党への挑発となった。私学校党は「これは大久保の指図であった」と誤解したが、実は川路の独断で、大久保は知らなかった。①

今の官制から言えば「警視総監が内務卿に相談せずにそんなことは出来ない」と思うかもしれないが、当時の政府内の状況は群雄割拠で不統一であった。特に川路と言う男は、すこぶる専横で自分の権限内の事は他人へ相談しなかった。自分の権限内の事を他人から指摘されることを恥辱であると思っていたらしい。

大久保公の暗殺事件の時も、当時の石川県令から島田一郎らの動きについて内報があったので、ある時、川路に注意すると「わかっている。石川県人に何ができるか」と放言して僕ら（伊藤博文ら）の言うことは耳に留めなかった。当時、川路がもう少し細心にしていたら紀尾井坂の変は起きなかった。

これも遺憾である。

南洲翁と島津久光公の関係が悪かったのは事実だ。しかし久光公と大隈重信の関係はもっと悪かった。

久光公が、病と称して内閣に出ないことがあった。そこで我輩（伊藤博文）は浜町の久光公の屋敷へ行った。

すると、長い間待たされた上、取りつぎの者を介して「伊藤一個の資格で来たか、内閣を代表して来たか」と問われたので「無論、内閣の代表で来た」と答えると、面会に応じられた。

久光公は「大隈みたいに賄賂を要求するものとは一緒に政治は出来ない」と言われた。大隈は非常に嫌われていた。その後、久光公が内閣に出てこられた時、大隈と大喧嘩したことがあった。この時は自分（伊藤博文）が仲介したこともあった。

この証言は、伊藤博文がハルピンで暗殺される前に、薩摩人大河平に語ったもので、樺山資英は大河平から伊藤の証言を聞いている。原書（日本及日本人）では、「伊藤公最後の南洲談

樺山資英

樺山資英」として掲載されている。本書では原文の流れに即して、伊藤博文の証言として掲載した。

樺山資英は高島鞆之助の女婿で、明治三十年に松方正義内閣で総理大臣秘書官を、大正十二年に山本権兵衛内閣の内閣書記官長を務めた。樺山は昭和十六年、死去。

［著者注］

（1）伊藤博文の証言は大きい。これまでに多くの歴史家は「大久保の指示により偵察隊（スパイ）が派遣された」としているが、伊藤の証言が真実なら西南戦争に関する論評や西郷と大久保の関係が大きく変わる。

次に後藤新平の証言を紹介する。

この証言は後藤新平が大正十五年に文藝春秋に寄稿したもので、後藤がまだ十五歳の少年だった時の思い出である。

後藤は内務大臣や外務大臣などを務めた後、東京市の第七代市長として関東大震災で被害を受けた東京を復興させた。昭和四年死去。

西郷吉之助に会った話

後藤新平

自分が会った人のうちで江戸に関係のある二人の英雄を覚えている。その一人は南洲で、いま一人は勝安房（海舟）である。このふたりは東京市民が永久に忘れてはならない恩人である。明治四年頃であった。自分は龍の口の細川藩邸内（今の和田倉門と呉服橋の間）で生活していた。それは太政官の官吏である荘村省三と言う人の居候になっていた。荘村氏が太政官に出勤する時はいつもお供していた。丁度私は十五歳の時だった。ある日荘村氏が昼過ぎに出勤した。いつもの様にお供して行った。和田倉門を入り坂下門に向かうところには大名屋敷があった。暑い七月の晴れた日だった。向こうから大きな男が伴を一人連れて歩いてきた。伴は当時は若造と言い十四、五歳から二十歳位の若い書生が多かったが、この大男の供は三十歳位で袴なしで羽織を着て、股引きを破って尻を見せていた。（西郷の従僕、熊吉のことであろう）

後藤新平

主人の荘村省三が下駄を脱いで下駄の上に足をあげてお辞儀を

した。これは土下座の代わりにする敬礼で、自分が子供の頃は藩主にした敬礼である。自分は藩主以外の人にはこの敬礼はするものではないと思っていた。主人の荘村がこの敬礼をした時はびっくりした。太政官の官吏が土下座の敬礼をするのを初めてみた。すると向こうから来た大男は主人の荘村にニッコリ笑って「お暑うござんすな」と言って通り過ぎて行った。荘村が「西郷吉之助」と自分の耳にささやいた。自分はハット思って大男の後ろ姿を見送った。その時の西郷さんは薄色の羽織に短い袴、下駄ばきという姿で、大小の刀を差して両手をぶらりとさげていた。色は九州人としては白い方だという印象だった。大きいはっきりした眼に愛嬌があった。太い眉毛が今も眼に浮かぶ。「お暑うござんすな」と言った時に、非常に懐かし味があったように覚えている。それから間もなくして、西郷さんは鹿児島へ帰ってしまった。この日の邂逅は誠に瞬間のことであったが子供心に自分は生涯忘れられない印象を受けた。

次に石黒忠真の証言を紹介する。

石黒忠真は西郷が陸軍大将に在任中の陸軍軍医で明治二十三年、日本医学会の発起人となり日本の医学の発展に貢献した。

在りし日の南洲翁

石黒忠真

余（石黒）は南洲翁と会ったことが度々ある。初めて会ったのは明治五年か六年と思う。南洲翁は全身肥満で困っておられた。明治天皇がそれをご賢察されてドクトル・ホフマンと言う医師に診察させろという御諚（命令）があった。そこで余（石黒）は司馬盈之という人とホフマンを連れて浜町の薩摩屋敷に西郷翁を訪ねた。西郷は今、灸すえているところであるというのでしばらく待たされたが、やがて出て来られた。薩摩絣に兵児帯をしめて無造作な姿だった。一方、ホフマンは規律正しいドイツ海軍の軍医で極めて几帳面でフロックコートを着ている。司馬君が通訳で天皇陛下の御諚（命令）で貴下（西郷）を診察することを光栄に思うと述べた。南洲翁は「わしの体は灸をすえていれば治るのだから別段見ていただかなくても良い」と言った。するとホフマンは「自分は勅命で貴君を診察するのだ。貴君が拒まれるなら陛下に直接お断りなさい」と言った。これに対して南洲翁は一言もなく失礼を謝って診察してもらった。

ホフマンは診察を終えて処方箋を書き与え帰って行った。

私は後に残って南洲翁と話した。陸軍省の会議の時はしばしば末席に居たことはあったが、差し向って話したのはこの時が初めてだった。

南洲翁は「ドイツの医者はひどい事をするね。才鎚（小型の木鎚）で人の体をコツコツ叩いた」など冗談を言われた。

ある時、越中島で天覧演習があった。南洲翁は陸軍大将、近衛都督であり余（石黒）は軍医部長であったのでいろいろ衛生上の事について具申した。

南洲翁は「医務については一切知らぬから、すべて一任する。意のままにやれ」と言って決して指図も干渉もされなかった。陸軍省の会議の時も一度も口を開かれたことはなく、温厚の中に侵すことのできない威厳があった。

話は少し戻るが、幕府の侍医に松本良順という人がいた。

これまで将軍様以外は診なかった人であったが、誰でも診察するというので大変、繁盛し遂に早稲田で病院を建てた。その病院が後の大隈邸である。

南洲翁が近衛都督の頃、軍医として松本良順を招聘したがなかなか松本君が了解しなかった。このため南洲翁が駕籠に乗って早稲田に行き軍医の就任をお願いし、ようやく兵部省に出頭し軍医頭（軍医長）になった。南洲翁は近衛兵の衛生面にも配慮する心配りがあったことがうかがえる。

征韓論に敗れ南洲翁が鹿児島へ帰る時、薩摩人の馬医師の西郷某（南洲翁と同名）という人に手紙を届けて「今度、俄かに退京するについては、愛馬の始末をつけなければならないが、急ぎ出立するのでその始末は余（石黒）にお願いしてくれ」という内容であった。このため西郷某という馬医師はその手紙を持って余（石黒）のところに相談に来たので、西郷某という馬医師と相談して馬を始末した。その時の手紙が今もあると面白いのだが、馬医師の手元で紛失してしまったのは残念である。

次に和田三郎の証言を紹介する。

和田三郎は土佐出身で板垣退助の秘書だった。後に孫文の中国革命を宮崎滔天らとともに支援した。和田の証言は板垣退助から聞いたもので、先に紹介した板垣の証言を補強する内容になっている。大正十五年没。

西郷と板垣の交歓

和田三郎

（前略）そこで中岡慎太郎と板垣退助と三人の土佐武士が西郷を訪問した。板垣は初対面の挨拶を交換し今回の訪問の趣旨を述べた。天下の形勢を説いて、最早挙兵倒幕のほかはない。ついては今日、この場で土佐の板垣と薩摩の西郷との間に条約を結び、板垣は土佐の兵を率いて京都に乗り込む。そのうえであなたと共に倒幕の兵を奉ることにしたい、とキッパリ言い放った。西郷の大きな眉は喜びに揺らいだ。その傍らから中岡慎太郎が今の板垣の言葉には寸分の間違いがない。もし板垣が兵を率いて入京しなければ、この中岡が人質になって腹を切ってお詫びすると述べた。西郷はこれを聞いて喜色満面、実に近来これほど愉快な会合はない、愉快、愉快と連呼した。板垣と西郷の挙兵倒幕の条約が成立すると板垣はひとつの条件をだした。それは江戸で板垣が雇っている水戸の浪人を薩摩藩で引き取ってもらいたいというもので、西郷はすぐに承諾した。

ところが、水戸の浪人は毎晩略奪を繰り返すと薩摩藩の屋敷に逃げ込み天婦羅屋や鰻屋に出かけて酒を飲んでいた。鰻の蒲焼を肴にチビリチビリやる。この水戸の浪人のおかげで松金という一流の鰻屋が出来た。

新政府の組織ができて大臣、参議が初顔合わせの時のことである。太政大臣の三条実美公はじめ岩倉、大久保も来ている。西郷さんも見えている。そこへ板垣が入って行って自分の席に着くと、西郷さんが例の大きな地声で独り言のように「板垣さんという人はヒドイ人である。薩摩の屋敷に水戸の浪人を押し付けて、大騒動を起こさせた。板垣さんという人はヒドイ人」と言った。これに対して板垣さんは「これは迷惑な話だ。しかし浪人を操縦した方もなかなか激しくやられたとのことだ。いずれにしても良い幕引きでしたね」と言うと西郷さんは両手で頭を抱えて「ワッハッハ」と大声で笑った。そばで聞いていた三条公は眼をまるくした。西郷さんは大得意の時には頭を抱えて笑う癖があった。

この話は水戸浪人を薩摩藩邸に託して維新革命の火ぶたをきらしたのを表面は迷惑であったようにして、実は西郷、板垣の合作が大成功したことを三条やその他の参議の前で語ったものである（傍線は板垣の証言にもある。百八十三頁参照）。

征韓論も板垣西郷の合作である。新政府のやり方が一から十まで納得できない。軍人が腐敗して山城屋和助らの贈収賄事件もおきた。ある晩、板垣さんは西郷さんを訪問してこのように政治が腐敗したら困る。ひとつ、事を海外に起こして一服の清涼剤を投じるに限る。今や朝鮮は無礼を働いて頑として謝罪しない。これは今征討すべき時であると西郷さんを説得した。西郷さんは世の中がイヤになっていたものと見え、私はもう北海道へ隠居したいと思うと言う。板垣さんはそれではあなた一人は良いかもしれないが亡くなった戦友に申し訳ないではないかと詰め寄った。すると西郷さんは顔面が真っ赤になり身体が震え出し座敷が揺らぐほどであったが、話を聞き終わって大声で「板垣さんやりましょう」とたった一言だった。しかしその一言は金銀のような重みがあった（同文は板垣の証言にもある、百八十七頁参照）。

そこで二人は三条太政大臣の同意を得て朝鮮征伐の作戦計画を作り明治五年八月に別府晋助を朝鮮に派遣し地勢や風俗などを調査させ戦争の準備をした。

西郷の考えでは無論西郷が殺される覚悟で京城（ソウル）へ乗り込む。西郷が殺されたらそれをきっかけに討伐軍を出す。討伐軍には板垣を征討総司令にする。平定後は江藤新平が朝鮮に留まり司法、行政をやるということになっていた（この証言は多くの書籍には書かれていない）。

板垣さんは初めからこれに同意だった。友達（西郷）を殺すことに同意するのは薄情のようだが国家のためには致し方ないという考えだった。

三条公は西郷を殺すには惜しいという考えから賛成を躊躇し、副島は外務省の立場から自分が適任と言い、西郷思いを標榜する桐野や黒田は西郷を生かしたいばかりに三条や副島に連動し邪魔をした。西郷と板垣の関係を離間中傷した（西郷が桐野を叱り飛ばす板垣の証言が残されているが、この背景には傍線の部分があったと思われる。百八十六頁参照）。

一方、木戸、大久保、岩倉は欧米の事情視察に出かけたが、伊藤博文、井上馨、大隈重信は彼らの手下で、隠し目付け役だから留守の出来事をいちいち報告していた。木戸らが横浜から欧米に出かける時西郷さんは「あの船が太平洋の真ん中で沈没すれば良い」と冗談を語ったが、大久保らの留守中に西郷らが征韓論をやると聞いて急いで帰って来た。

次に京都祇園の芸者、君尾の証言を紹介する。この証言は昭和四年に発行された『維新侠艶録』に掲載されたもので、西郷が京都から江戸に向かう頃（戊辰戦争前）の話である。著者の井筒月翁が取材した頃、芸者の君尾は七十歳位でまだ生存しており、西郷と祇園の芸者との関係を生々しく振り返っている。

西郷隆盛の恋

京都祇園芸者　君尾

大西郷は相撲甚句が上手だった。弟の従道（後の大臣、侯爵）も上手であったが南洲の方が肥満していただけに、実に見事な踊りで、君尾も七十歳になるまでの長い芸者生活で吉之助さんのような甚句は見たことがなかった。

大西郷は酒席ではいかにも無邪気に遊んでいた。そんなところを見ると、偉いのやら馬鹿やら得体のわからない人だった。酒を飲んでも大きい声を出すわけでもなく、他の志士のように元気いっぱいに振る舞いもせず、ただ静かに遊んでいた。

肥った男はやせた女、肥った女はやせた男が好きだとよく言われるが、大西郷はその反対だった。肥っていた女が好きだった。特に象のように肥満している女を愛しているようだった。

そのころ、祇園に奈良屋というお茶屋があった。後の金岩の場所である（現在の京都市下京区木屋町にある金岩楼別館か）。

この奈良屋に、お虎という仲居がいたが非常に肥っていたので、大西郷はお虎、お虎と愛していた。芸者で西郷から愛されたものはいないが、このお虎だけは随分可愛がられたようである。

大西郷がいよいよ幕府を討つために京都を出発することになった。お虎は別れを惜しんで京都から大津まで駕籠に乗って見送った。

大西郷は非常に喜んだ。

「戦の門出に虎が見送ってくれるのは縁起がよか」と大変な上機嫌で、褒美に三十両を渡した。その頃の三十両は大金である。

お虎は西南戦争で大西郷が死んだと聞いてひどく悲しんだ。お虎もその三年後に死んだ。

おそらく西郷さんから女でお金をもらったのはお虎さんだけでしょう。

祇園川端にある井末（料亭の名前か）の女将だったお末は若い時、井筒（料亭の名前か）の仲居をしていた。この女も豚のように肥《こ》えていた。

大西郷はお末が好きなようであったが、お末は逃げてばかりいた。井筒の座敷をドシンドシンと響かせて大西郷がお末を追いかける。お末も豚のような体で逃げ回る。この光景は随分可笑しかった。お末が押入れの中にもぐりこんで、押入れの内側から戸が開かないように鍵を閉めると、西郷さんは「あ～あ～帰ろう」と言ってお帰りになるという風で、いかにもあっさりしていた。

お末はそのころまで、大西郷が偉いか馬鹿か知らずにいた。後にあの相撲甚句を語る人が西郷吉之助という偉い人だと聞いて、「へえ～、あの人が……」と驚いていた。

祇園芸者のお玉と西郷隆盛（昭和八年五月、明治座、現代日本戯曲選集より）

ところで、西郷の生涯についてはさまざまな場面が戯曲として上演されている。

このうち西郷と祇園の芸者の関わりについては「西郷と豚姫」という演目で、大正六年五月に東京の有楽座、昭和八年五月明治座、昭和三十八年新橋演舞場で上演された。

さらに昭和三十四年十月十一日にNHKテレビでも放送された。

お好み日曜座「西郷と豚姫」というタイトルで、午後八時十五分から午後九時まで放送された。

台本を担当した池田大伍氏は明治十八年生まれで、文芸協会の幹事として演劇運動に携わり、多くの戯曲を残している。

次に岩山とく子の証言を紹介する。

岩山とく子は西郷の三番目の妻、糸子の妹で西郷隆盛は義兄にあたる。とく子は武村の西郷邸にしばしば出入りし、西郷が征韓論に敗れ帰郷し、自然を相手に悠々自適の生活を送っていた頃の様子を覚えていた。西郷の日常生活と親しく接触しており、西郷の人柄をしのぶ貴重な証言である。

この証言は昭和十二年五月、鹿児島朝日新聞に掲載されたものである。

気品に富んだ西郷さんのお顔

岩山とく子

たしか私が二十二歳の頃でした。西郷さんをはじめ、そのお子さんの寅太郎さん、先年亡くなられた午次郎さん、末子の酉三さん、糸子夫人、それに私と私の姑そのほか西郷家の人々など大勢で一緒に日当山温泉へ湯治に行ったことが御座います。当時は、今日のように便利な乗り物がない時代で、船で行ったのですが、西郷さんは写真で見るように身体の大きな方なのに、随分細かい事や小さい事まで良く気が付かれる方でした。船の中で私と私の姑が船酔いしました。

私たちが気分がすぐれないのを見ると、西郷さんはきっと、きつかろうと思われたのでしょう。前之浜に着ける船を一つ手前の加治木に着けさせて、ここからは大した道程でもないから皆一緒に歩こうと言い出され、加治木から日当山まで歩いて参ったことがありました。この時は丁度、十年戦争（西南の役）の起きる二年前だったと記憶しています。

加治木の鍋屋でしばらく休んでから、加治木の町を連れ立って歩きましたが、西郷さんが通られるということで、加治木の人は皆、道路に額をつけて御辞儀をしていました。まるで殿様のお通りのようでした。その後ろに私たちは付いていったわけですから、私もうれしくて、後日「あの時は良かったですね」と語り合ったものでした。日当山では約一か月間一緒に湯治していました。西郷さんはいつも子供を相手に遊んでは冗談を言って皆を笑わせたり、一人奥座敷で好きな狩猟の時に履く草履を作っていられました。

日当山には湯治に来ている西郷さんを訪ねてくる人が多かったのですが、どうした訳か西郷さんはほとんど誰とも面会なさろうとされず、お断りしていました。私などは遠方から歩いて来られたのに、と随分気の毒に思いました。

その当時の西郷さんのお心持など私たち愚かな婦女子には何ひとつ解るはずも御座いませんが、ひとり静かにお部屋に居られるときに、よく長煙管をくわえてじっと考えに耽っておられるようすでした。今から思い合わせますと、あの時静かに世の中のことを考えておられたのだろうと思われてなりません。実際あの時分西郷さんが今日のように偉くなられるとは思っておりませんでした。

私などが先生の深い御人格を想像さえ及ばぬことは申すまでも御座いませんが、西郷家にはお上りの時とかお下りの時、お祝いの時などよく手伝いに上がりました。西郷さんは兄弟と睦まじく、優しい方で特に下男とか下女中とか下々の者ほど丁寧にされていました。そしてよく「人の不調法は自分がしたように、自分の良いことは他人がしたように隠すもの」と言われていたことを覚えています。家庭ではこみいった話は誰にもされなかったようです。とにかく優れて立派な方だと思っていました。

続いて西郷マツ子の証言を紹介する。

西郷マツ子は西郷の末弟、小兵衛の妻で、鹿児島に西郷銅像が建立された昭和十二年当時は八十一歳でまだ生存していた。西郷マツ子は銅像除幕式を控えて武町（旧武村）の西郷邸で鹿児島新聞の取材に応えて、次のように西郷像を語った。

私の見た隆盛さん

西郷マツ子

隆盛さんは私が二十一歳の時戦死なさいました。私は十七歳の時結婚いたしましたが、私の母は大山巖氏の姉にあたり、結婚前にも大山の家で時々西郷さんに会っていましたのでよく知っています。もうその頃は相当の年配であられたようです。私が結婚した頃は丁度征韓論当時でした。

隆盛さんは日頃は和服で薩摩絣を着ておられたようです。家ではニセ（若い青年）などと一緒になって畑に鍬をかついで行き、野菜を作ったり、庭いじりをされているのをよく見かけました。その頃はたくさんのお客さんがあったようです。

桐野さんや別府さんもよく見かけました。

食事の好き嫌いは無く何でも食べられました。狩りには良く行かれました。

山草履を履いてニセを連れて小山田あたりから川辺、伊集院あるいは小根占あたりまで出かけておられたようです。よく肥っておられたので身体のためにも狩りは特に好んで行かれたのかもしれません。

犬も一匹ではなく何匹もいました。隆盛さんが出かける朝などは犬が吠えていたものです。犬小屋が長屋式に作ってありましたが、たくさんの犬がとても喜んで吠える有様が今も眼に浮かびます。獲物は大抵はウサギだったようです。

参考文献

『今世英傑少年時代』　明治三十三年十月十日、春陽堂
『日本及日本人　臨時増刊』明治四十三年九月二十四日、政教社
『大西郷秘史』　大正三年一月、田中萬逸、武侠世界社
『史伝　西郷隆盛』　平成元年九月十日、海音寺潮五郎、文藝春秋
『維新侠艶録』　昭和四年、井筒月翁、萬里閣書房
『文藝春秋』　昭和二十七年十一月、文藝春秋新社
『松本清張全集二十六』　昭和四十八年三月二十日、文藝春秋

第四章　挑発から私闘へ

第十話
私学校の運営資金

明治六年十月二十八日、征韓論争に敗れた西郷は、近衛兵とともに鹿児島へ向かった。翌二十九日、天皇は篠原国幹ら百四十余人の将校を宮中に呼び出したが、篠原らは病と称して参内しなかった。

政府は辞表を提出した近衛兵らを休職扱いにした。給料は支給したが西郷らは辞退したため、その給料は陸軍省で保管された。

翌年の明治七年六月、鹿児島に私学校が創設された。西郷が青少年の教育を目的に創設したものだが、教育の中身は軍事教練と精神講和が中心であった。

征韓論で西郷と共に鹿児島へ帰った近衛兵出身者も私学校へ入学した。井上清の『西郷隆盛・下巻』によると、鹿児島へ帰った近衛兵は約三百人（一説には六百人と書かれている書籍もある）いたという。

私学校には、近衛兵出身者らを中心に銃隊学校、砲兵隊出身者を中心に砲隊学校、開墾作業や軍事訓練をおこなう吉野開墾社、陸海軍士官養成のための賞典学校などが設けられた。

私学校の正門

銃隊学校は旧近衛兵六百人、砲隊学校は約二百人、吉野開墾社は約百五十人の生徒がいたという。この人数が正確ならば、西郷とともに近衛兵六百人が鹿児島に帰って来たことになる。

賞典学校は、西郷が戊辰の役の論功として贈られた賞典録を資金として運営された。賞典学校の資金には大久保の賞典録も出されていたが、大久保はこの資金を内務省の資金にする、という口実で明治九年三月に引き取った。

大久保と西郷の関係は征韓論以降冷え切っていたが、この時、大久保は西郷と完全に縁を切ることを決め、資金の引き取りを実行した。西南戦争の勃発の一年前である。

井上清は『西郷隆盛・下巻』の中で、「県内各地に私学校の分校も設けられた。その数は本校生もあわせて三万人にも達すると言われ、青少年だけではなく四十歳ぐらいまでの士族の男子は半ば強制的に入校させられた」と書いている（同書、二百四頁参照）。

分校は校舎が新設されたわけではないが、運営経費は県の公費で賄われていた。同書には「……その数は本校生もあわせて三万人……」と書かれているが、西南戦争で私学校生が鹿児島から出発する時は一万数千人で、県内各地を通過し熊本に入る時は三万人に達した、と多くの書籍に書かれており、うなずける。

加えて、西郷暗殺未遂事件で捕まった伊集院出身の中原尚雄の口供書（文末資料参照）でも、自宅周辺のほとんどの士族は私学校に入学していたと書かれているので、鹿児島県内は私学校生で溢れていたと思われる。

そして、この頃から青少年以外の壮年たちも入学するようになり、私学校党と呼ぶようになったのではないだろうか。

そもそも私学校は、西郷が征韓論で敗れ下野して鹿児島で創設した青少年の教育機関だった。

しかし西南戦争に関する多くの著作では、「私学校党」や「私学校生」という表記があるが、「私学校党とは政治結社」と解釈したほうがわかりやすい。なぜなら私学校党と表記すると、鹿児島だけではなく、大分（中津）や宮崎（日向）などの士族らも含めることが出来るからである。

私学校生とは、鹿児島にあった青少年の教育機関の生徒たちのことである。

私学校の綱領は、第一条に「道同じく義かなうを以って暗に集合す。乃ち益々その原理を研究して、道義に於いては一身を顧みず、必ず実践すべし」、第二条に「王を尊び民を憐れむは学問の本旨なり、乃ちこの原理を究め王事民事に於いては一意難に当たり必ず一同の義を立つべし」の二カ条である。つまり第一条で道義を重んじ、第二条で天皇を尊敬し人民のために尽くすことを述べている。

こうした綱領のもとに創設された私学校であったが、西郷は教壇に立つことはなく、自分はのんびりと地方の温泉などへ出かけていた。このため私学校では桐野利秋ら武闘派の勢力が強まり、ついには、西郷も武闘派の桐野らを抑えることが出来なくなったのかもしれない。

加治木出身で旧士族の川上親晴は、私学校に入学したものの、軍事教練に嫌気がさして勝手に退学し、上京する際に私学校党に捕まった。川上は西南戦争では官軍として戦い、後に京都市長や警視総監まで登り詰めたが、西南戦争終結後に、私学校の内情について『私学校遭難記実』という手記を書いている。この手記は鹿児島県立図書館に保存されている。

私学校の規律は次第に厳しくなり、明治八年になると士族が県外へ出かける時は県庁の許可が必要になった。私学校と鹿児島県庁の大山県令は連帯して、中央政府に対し決起の機会を窺っていたことになる。大山県令と私学校の桐野、村田ら幹部は政治的に連携しており、大山県令は中央政府へ送るべき税金も送金せずすべて県庁に貯め込んでおき、いざというときに備えていた。

こうして、桐野、村田ら私学校幹部と大山県令は着実に準備を進めていたが、西郷自身は機会を見て挙兵するという意思はなく、山川や根占などに温泉や兎狩りに出かけて、私学校には不在の時が多かったようだ。

加えて、私学校の生徒たちによる政府の弾薬庫襲撃事件を根占で聞いた時、「チョッシモタ（しまった）」と発言したことを考えると、西郷は私学校生らの挙兵の動きを全く知らなかったのかもしれない。

このように、西郷と桐野ら私学校党とは、考え方が大きく違っていた。桐野らは、自分たちが決起すると西郷も必ず決起すると信じていたし、西郷は、まさか私学校党が決起するはずはないと考えていたのだろう。

ところで、西郷は明治六年の政変（征韓論争）後に鹿児島に私学校を創設したが、大隈重信は、明治十四年の政変で政界から追放された翌年に、東京に専門学校を創設した。早稲田大学の前身となったこの専門学校は当時、大隈の私学校と称され、明治政府から警戒された。西郷が創設した鹿児島の私学校が西南戦争で消滅して、わずか五年後のことである。

第十一話
西郷と大久保の私闘

大久保と川路の動きは、私学校党にとっては明らかに挑発であった。

最初の挑発は大久保が仕掛けた。

明治九年三月、大久保は私学校の運営のために拠出していた自分の賞典録（明治維新の功臣に政府から賞与として与えられた録）を引き上げた。大久保に限らず、戊辰の役で戦った士族たちは賞典録を運営資金として拠出しており、西郷が将来の士官候補生を育成するために創設した賞典学校も同様であった。

大久保は突然この資金を引き上げたのである。理由は内務省の資金にするというものだったが、内務省の資金とは国家の資金であり、私学校の運営資金とは明らかに目的も意味も異なる。

国家の資金不足は国家で対応するのが筋で、なぜ私学校の運営資金を引き上げたのか。

この理不尽な行動が桐野ら私学校党にとって疑念となり、不信に繋がった。これが「第一の挑発」である。

また政府のスパイ活動として、大久保と川路が水面下でおこなった、①警部や巡査の集団潜入、②本願寺の僧侶らの鹿児島布教が第二の挑発となった。

少なくともこの二つがなかったら、私学校党は決起に至らなかったかもしれない。戦争は挑発から始まることは過去の歴史が語っている。第二の挑発で川路は、鹿児島出身の警部ら二十数人を鹿児島へ帰し、私学校党の動向を探らせた。その結果、中原尚雄ら全員が私学校党に捕まった。そして中原は、「西郷暗殺の密命も受けていた」と自白した。西南戦争の終結後に開かれた裁判では、中原はこの自白は拷問によりおこなったものであるとして、西郷暗殺を否定した。さらに、鹿児島に帰ったことは川路の指示ではない、と主張した。しかし川路は、中原が帰郷する直前に水面下で数回にわたって中原と接触している。

加えて、中原らは川路の家で鹿児島に帰る計画を練ったという事実。

これらの事実が存在しても、川路の指示はなかったと判断できるのだろうか。

この裁判は勝者による裁判で、勝者の都合により裁かれたのだろう。

挑発の事実を続ける。

第三の挑発は、明治十年一月下旬、鹿児島にあった陸軍省の弾薬を政府が密かに運び出したことである。しかも夜に。

なぜ、政府は弾薬を運び出す必要があったのか。鹿児島の大山県令に事前通知した形跡もない。

以上、これら三つの挑発が、明治九年三月から一年以内に立て続けに起きた。

私学校党が動いたのも当然であろう。

一方、西郷、桐野、篠原らは明治十年二月十二日、「今般、政府に尋問の廉あり、不日に当地発程致し候、お含みのため此段届け出候――」という届出書を、鹿児島県令の大山綱良へ出した。

届出書の後半には「旧兵隊の者ども随行、多人数出立致候、人民動揺致さざるよう……」と書かれている。つまり、多人数で上京するので人民が動揺しないように、と注意も呼び掛けている。

西郷らは、はじめはこれを決起の趣意書としては認識していなかったのではないだろうか。

西郷は陸軍大将の制服を、桐野や篠原は陸軍少将の制服を着て出発したと思われる。政府は二月十九日、西郷ら私学校党に征討令を出した。西郷はこの時、陸軍大将の制服を脱いだ。

なぜ陸軍大将の制服を着て出発したのか。西郷らの認識は決起ではなかったからではないだろうか。

しかし、この届出書が決起趣意書に変質した。

だれが変質させたのか。届出書を受け取った大山県令は、熊本鎮台へこれを通知した。当時、電信は東京～熊本間までは開通していたが、鹿児島までは届いていなかった。この届出書は鹿児島からの馬便で熊本鎮台へ届けられた。

熊本鎮台司令長官は、土佐藩士の谷干城《たにたてき》だった。

届出書を決起趣意書に読み替えたのは、谷干城だったのではないだろうか。

西郷ら私学校党の行動を、谷干城は故意に決起と判断し、京都にいた大久保ら政府首脳に通知した。そして、政府は西郷らを賊人として征討令を出した。

このように考えると、最初に挑発を仕掛けたのは大久保であり、そこに届出書を読み替えた谷干城の作為が加わったことで、西郷ら私学校党へ征討令を出すことになったのではないだろうか。

専門家の解明が待たれる。

西郷と大久保は明治維新以降から冷え切った関係であったことは、大久保日記や西郷の書簡集などさまざまな資料や記録が示している。

西郷と大久保の冷え切った関係は私闘を招いた。

私闘が拡大して、東京で官吏の職に就いた鹿児島の士族と鹿児島に残った士族との闘いになった。鹿児島の士族を補強するように、一部の近衛兵が西郷と共に鹿児島に帰った。

帰省と装って鹿児島に多くの偵察隊を送り込んだのは川路であったが、大久保の了解を得ていたのは間違いない、というのが通説になっている。

偵察隊とは事実上、スパイ団である。大久保と川路は、自らの故郷へ多くのスパイを送り込んだ。前述したように、これが挑発を招いた。

そして西郷や桐野らは、大久保のいる東京へ出発した。

西郷らが鹿児島の私学校から出発する時の趣意書には、「今般、政府に尋問の廉あり……」と書かれ、鹿児島県庁に届出書が出されている。西郷は陸軍大将の制服も着用していた。

しかし、この事実を大久保らは決起と受け取った。

司馬遼太郎も『翔ぶが如く・第十巻』で、西南戦争は西郷と大久保の私闘だった、と断言している。この私闘に、土佐藩士の谷干城の作為と誤解が加わったのだろう。

西郷は四十九歳で自刃し、戦争が終わった。結果だけを見ると、大久保が勝った。しかし、西郷の自刃から半年後に大久保は暗殺された。四十七歳だった。

どちらも西南戦争から一年もたたない内にこの世を去ったことになる。また川路も大久保の暗殺から一年半後に亡くなった。四十六歳だった。毒殺されたという噂も流れた。西郷、大久保、川路は、西郷の死からわずか二年半で激動の明治時代から消えた。長い歴史から俯瞰すると、三人は時代から一瞬に消えてしまった。

鹿児島に西郷銅像が建立されたのは昭和十二年。そして、大久保の銅像建立は昭和五十四年。西郷銅像より四十二年遅れた。一瞬にして時代から消えた二人の銅像建立には、大きな違いがみられる。

第五章　銅像建立へ

第十二話
上野の西郷銅像建立秘話

明治三十一年十二月十八日、東京上野公園で西郷銅像の除幕式が行われた。西南戦争が終結してから二十一年経過していた。西郷は江戸城を無血開城し、戦火から守っただけでなく、明治維新の立役者として日本の近代化に尽くした。

大隈重信は、当時の西郷の様子を『早稲田清話』で伝えている（同書、三百九十四頁参照）。大隈と西郷は明治六年の政争（いわゆる征韓論）で対立するように、仲の良い関係ではなかった。

『早稲田清話』で、大隈は西郷を以下のように批判的に語っている。

「～前略～内閣は昔の江戸城内にあり、将軍が大名を謁見した大広間だった。そこに傲然と構えて、お昼前だけは皆が首を集めているが、別に休憩所があった。お昼になると弁当を食いにそこへ行く。西郷や板垣は、弁当となるとサッサとそこへ引き上げてしまう。それから後は二人は雑談をして一切内閣には来ない。用があり呼びに行っても容易には顔をださない。何の話をしているかと言えば、二人とも好きな戦争の話や相撲の話、そうでなければ狩猟談である。またくだらん話にうつつを抜かし、他愛もなく半日を過ごしている。西郷は素朴な人だが、魚採りの道具は贅沢で投げ網も大小さまざま持っていた。いかにも政治のことが面倒でならなかった。西郷は私に君は政治が好きなようだから万事、君に任せる。君のすることには何の意義はない。印鑑を渡しておくから必要な時は押してもらいたい。だから西郷の印鑑は私が預かっていた。西郷は雑談が終わるとそのまま自宅へ帰っていた。～後略～」

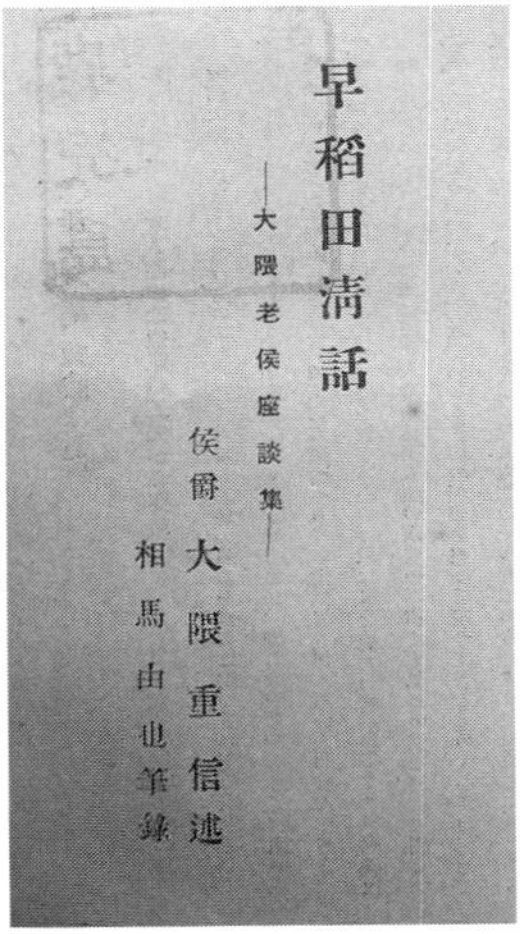

早稲田清話

大隈は西郷と直接接触していた人物であっただけに、『早稲田清話』で紹介されている西郷像は真実味がある。

明治四年七月十四日、廃藩置県が公布。同年七月二十九日、政府の組織体制が三院八省制に改革された。具体的には太政官（現在の政府）のなかに正院、左院、右院の三つの院を設けた。正院には太政大臣（現在の総理大臣）、左大臣、右大臣、参議を置き行政を、左院には議長、議員を置き立法をつかさどった。右院には各省の長や次官が置かれ、それぞれの職務を遂行した。

省は神祇省、大蔵省、兵部省、外務省、文部省、工部省、司法省、宮内省の八つの省で構成された。

大久保ら岩倉使節団が日本を離れ欧州に滞在中、西郷は太政官の事実上のトップとして、徴兵令や地租改正、宮内省改革などさまざまな見直しを進めた。

宮内省改革では、①華美柔弱な公卿を宮内省から排除して剛健で清廉な士族を入れ、天皇を守り奉ること、②すべての女官を一旦辞めさせ、改めて選択任命すること、③侍従を設け女官の等級を定めることだった。

このほか裁判所の設置、郵便制度の実施、鉄道の敷設、電信の敷設、戸籍調査の実施、娼妓の解放、職業選択の自由など、西郷は太政官のトップとして次々に新しい政策を推進した。

しかし、西郷は私学校生らが決起した西南戦争で、賊人となった。正三位・近衛都督・陸軍大将だったが、官位を剥奪された。

西郷の官位剥奪を伝える行在所通達第四号が残されている。

明治十年二月十九日、太政大臣三条実美は、行在所通達第一号を出し、「西郷らの征伐は行在所から通達する」と各官庁へ伝えた。

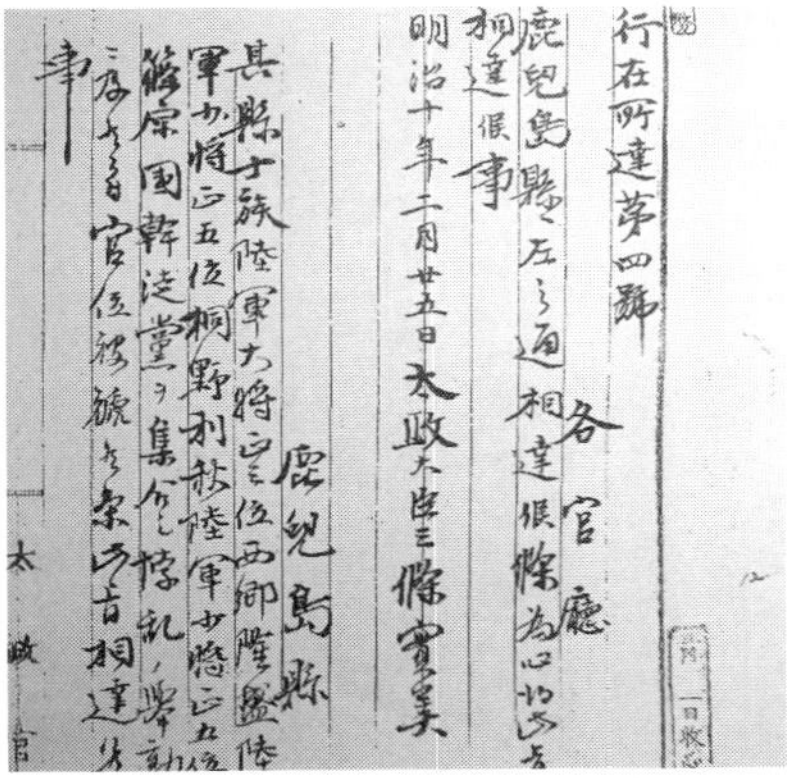
行在所達第四號
各官廳
鹿兒島縣ヘ左之通相達候條為心得此旨
相達候事
明治十年二月廿五日　太政大臣三條實美
鹿兒島縣
其縣士族陸軍大將正三位西郷隆盛陸
軍少將正五位桐野利秋陸軍少將正五位
篠原國幹徒黨ヲ集メ擅ニ暴動
ニ及ヒタルニ付官位被褫候条此旨相達候
事

西郷の官位剥奪を伝える行在所通達第四号

なぜ、太政官通達ではなく行在所通達になったのか。

西郷らは「政府（太政官）に尋問の廉あり……」として決起した。「朝廷に尋問の廉あり……」ではない。

ここでも、前述の西郷らの決起趣意書が書きかえられた事案（十五頁参照）と同様の不思議な通達が出された。

そして、さらに不思議な事が続く。

行在所通達第一号と第四号は、同一人物の文字のように極めて類似して見える。

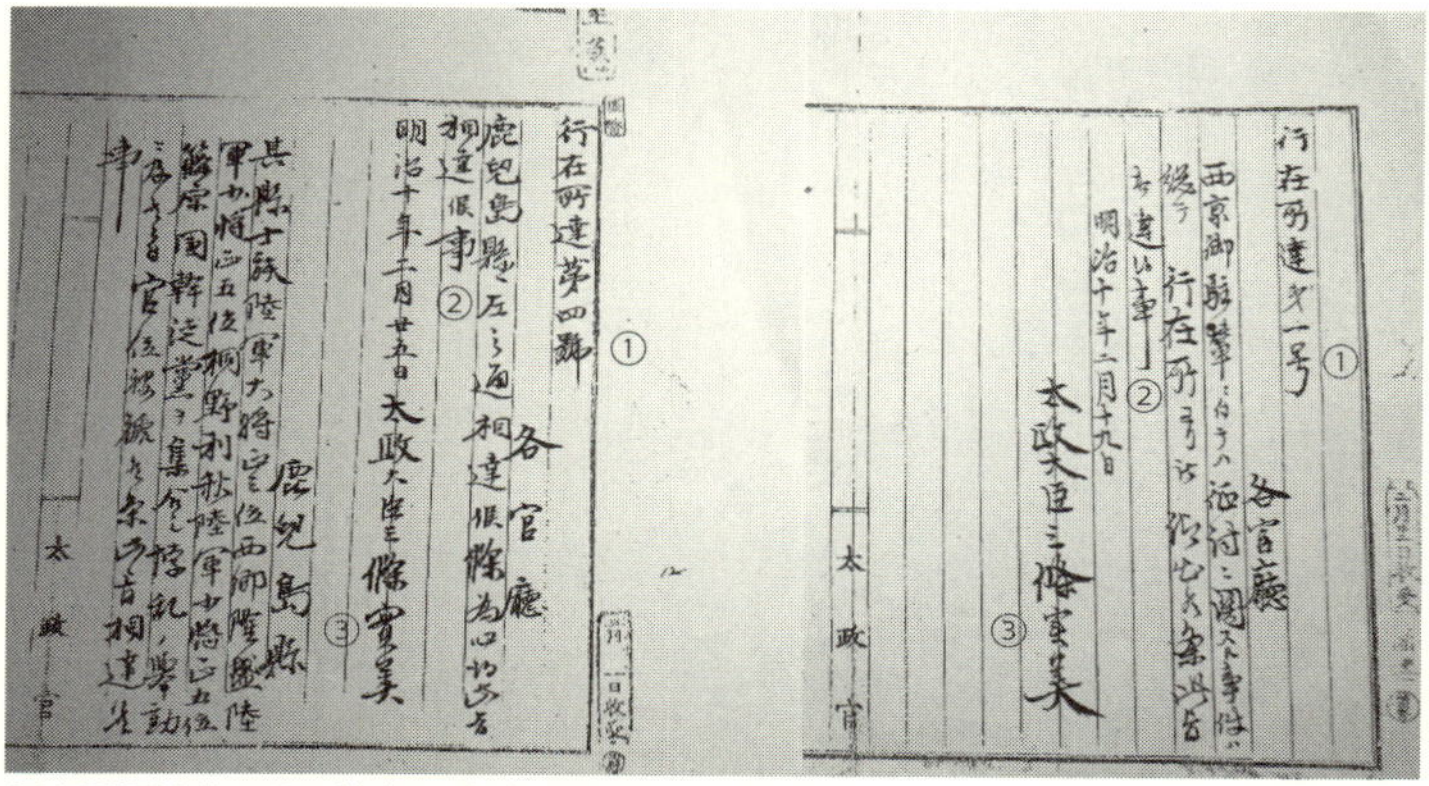

行在所通達第四号（左）と行在所通達第一号（右）

しかし、明らかに少なくとも3カ所に違いがある。

①一行目の文字の「号と號」、②第一号五行目の「事」と第四号四行目の「事」、③三条実美の「実と實」、の文字が異なっているのがわかる。

行在所通達第一号は、全体的に他の通達の文字と微妙に異なっている。

なぜこの違いがあるのか。通達作成に誰かの指示があったのか。作為があったのか。

専門家の解明を待ちたい。

官位を剥奪され、賊人になった西郷の復権の動きは、明治十六年頃から始まった。

西郷の七回忌を機に、吉井友実（薩摩藩旧士族）や勝海舟らが、西郷の遺児（寅太郎）をドイツの陸軍士官学校へ入学させた。この資金は明治天皇が拠出した。賊人、西郷の遺児へ天皇が資金を出すほど、西郷

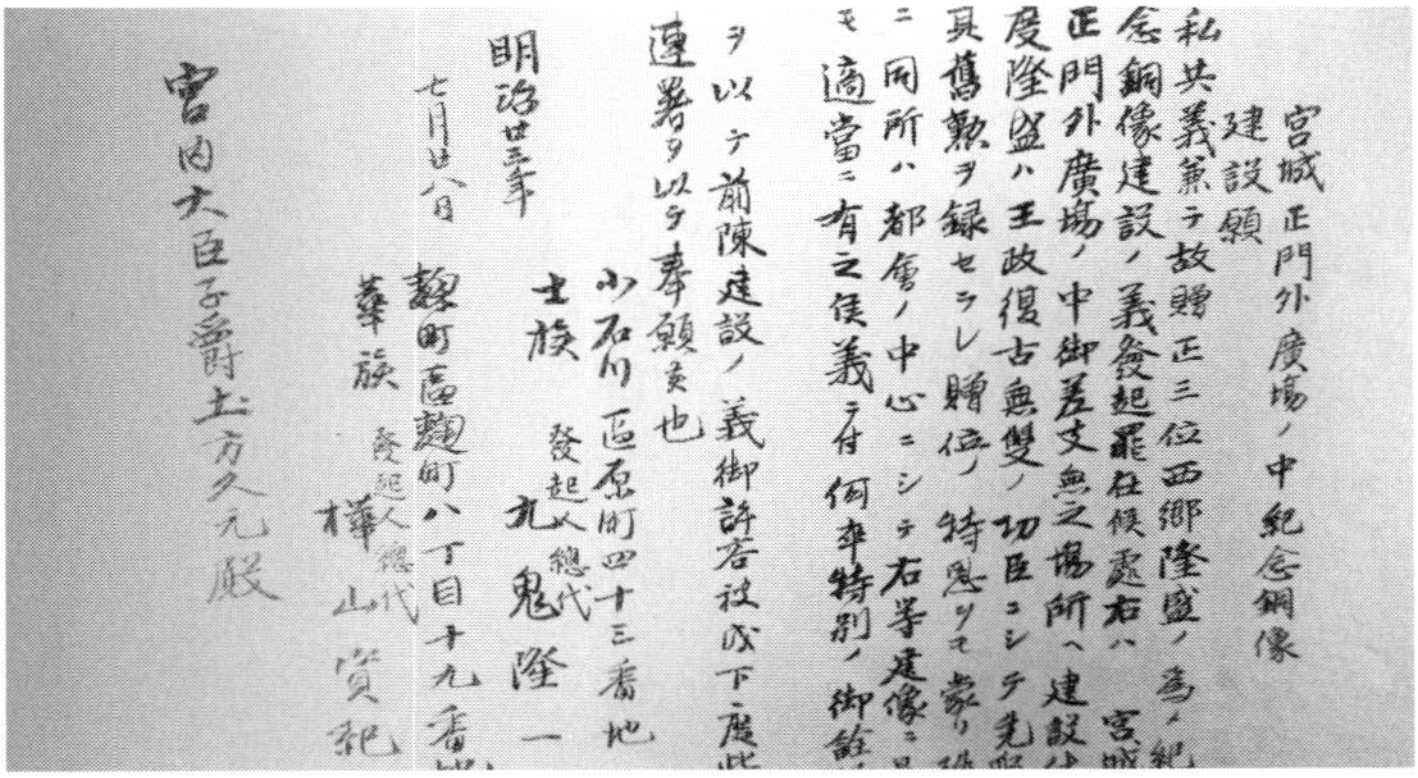
宮城正門外廣場ノ中紀念銅像
建設願
私共義兼テ故贈正三位西郷隆盛ノ爲メ紀
念銅像建設ノ義發起罷在候處右ハ宮城
正門外廣場ノ中御差支無之場所ヘ建設
度隆盛ハ王政復古無雙ノ功臣ニシテ先
且舊勲ヲ録セラレ贈位ノ特恩ヲモ蒙リ
ニ同所ハ都會ノ中心ニシテ右等建像ニ
モ適當ニ有之候義ニ付何卒特別ノ御詮
ヲ以テ前陳建設ノ義御許否被成下度此
連署ヲ以テ奉願候也
明治廿三年
七月廿八日
小石川區原町四十三番地
士族　發起人總代　九鬼隆一
麹町區麹町八丁目十九番
華族　發起人總代　樺山資紀
宮内大臣子爵土方久元殿

銅像建立の最初の申請書

復権の機運が高まっていた。その後、明治二十二年二月、大日本帝国憲法の発布を記念して、政治犯の大赦がおこなわれ、西郷や桐野は賊人としての汚名が消された。

時の総理大臣は鹿児島出身の黒田清隆で、ふたたび西郷へ正三位が追贈されることとなった。

そして西郷の銅像建立運動が始まった。

申請書によると、建立場所は皇居前広場で、現在の上野公園ではなかった。

それを示す書類が残されている。

明治二十三年七月二十八日付けの申請書は、「宮城正門外広場ノ中記念銅像建設願」として、宮内大臣へ提出されている。宮城正門外広場とは、今の二重橋前の広場である。

申請人は士族の九鬼隆一、華族の樺山資紀となっている。九鬼隆一は、旧綾部藩（現兵庫県三田市）の出

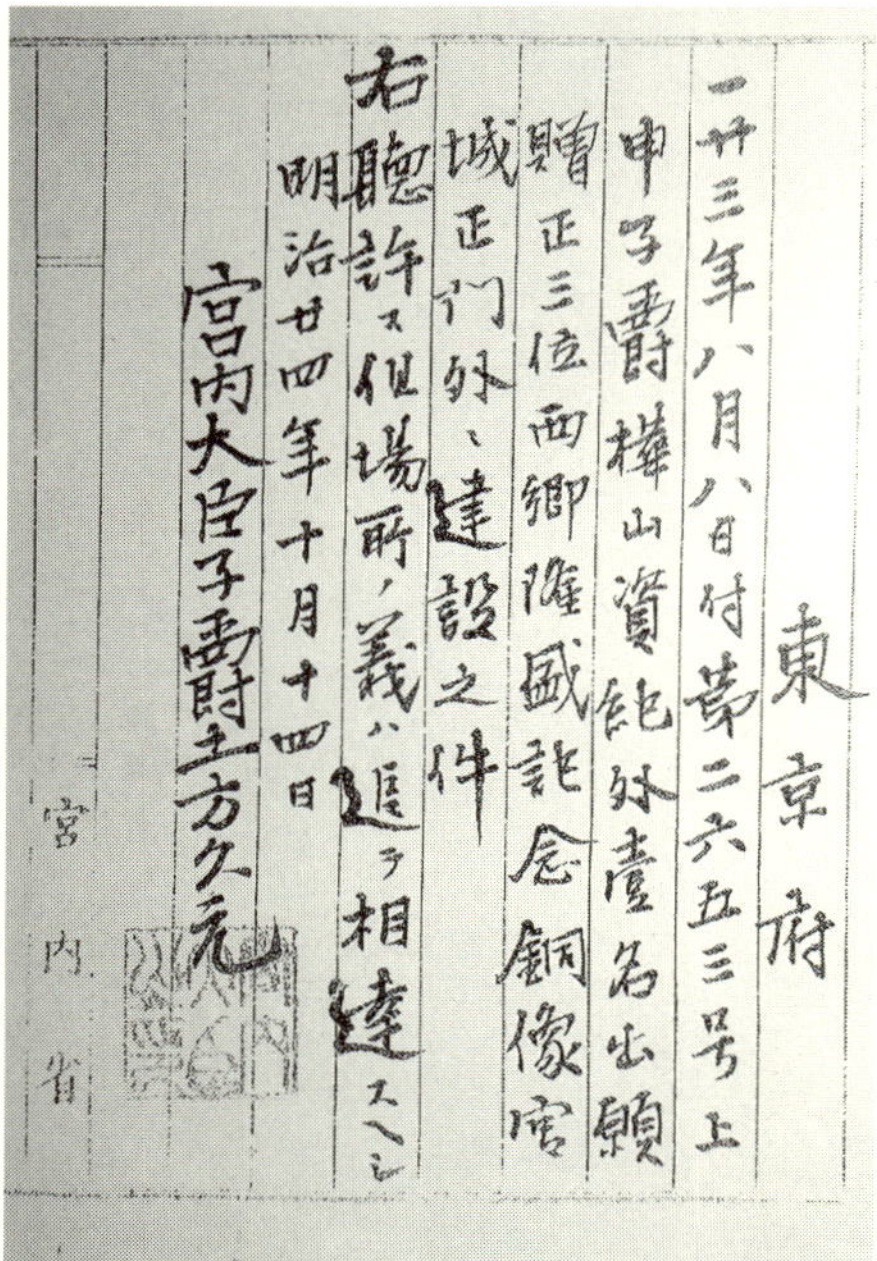
東京府
一廿三年八月八日付第二六五三号上
申子爵樺山資紀外壹名出願
贈正三位西郷隆盛記念銅像宮
城正門外ヘ建設之件
右聴許ス但場所ノ義ハ追テ相達スヘシ
明治廿四年十月十四日
宮内大臣子爵土方久元
宮内省

建立を許可する宮内省の文書

身で、明治十年の西南戦争当時は太政官の書記官を務めていた。その後、西郷の銅像建立運動が始まった頃は東京、京都、奈良にあった帝国博物館（現在の国立博物館）の初代総長を務めていた。また、鹿児島出身の樺山資紀は、西南戦争時、熊本鎮台で参謀長を務め、薩軍と戦った。

申請書は、同日付で東京府知事へも提出された。その後、東京府は同年八月八日付けで宮内大臣へこの申請書を提出し、宮内大臣は翌年の明治二十四年十月十四日付けで建設を許可した。建設許可まで十カ月かかったことになる（前頁写真参照）。

ところが、この決定が取り消された。

決定から約一年以上経過した明治二十五年十二月八日、宮内大臣子爵土方久元《ひじかたひさもと》から東京府へ出された「取り消しを伝える文書」が残されている。

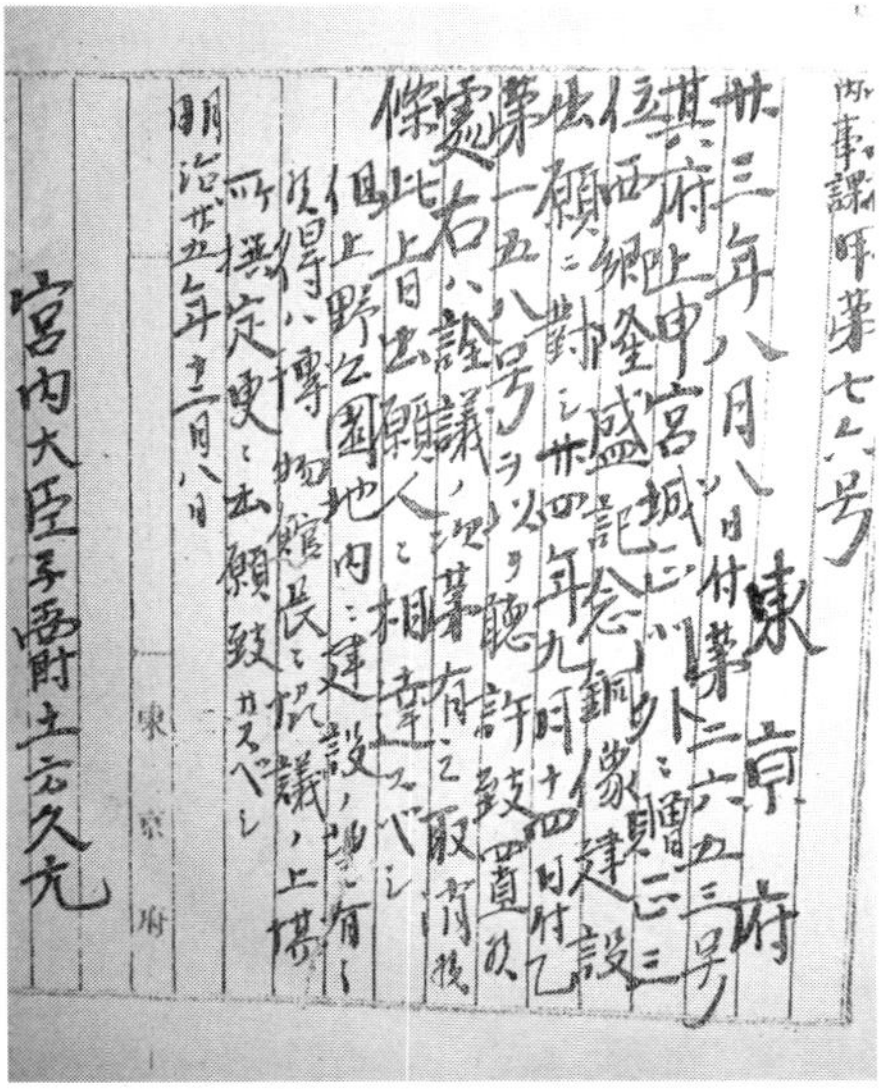

宮内省内事課甲第七十六号

時の総理大臣は伊藤博文だった。伊藤は長州出身で、大久保とは極めて近かった。

「宮内省内事課甲第七十六号」の文書には「……詮議ノ次第有之取消……」と書かれている（写真、前から八行目参照）。

そして、一年以上経過した明治二十六年四月十四日、改めて建立場所を上野公園内に変更する申請書が、発起人の一人

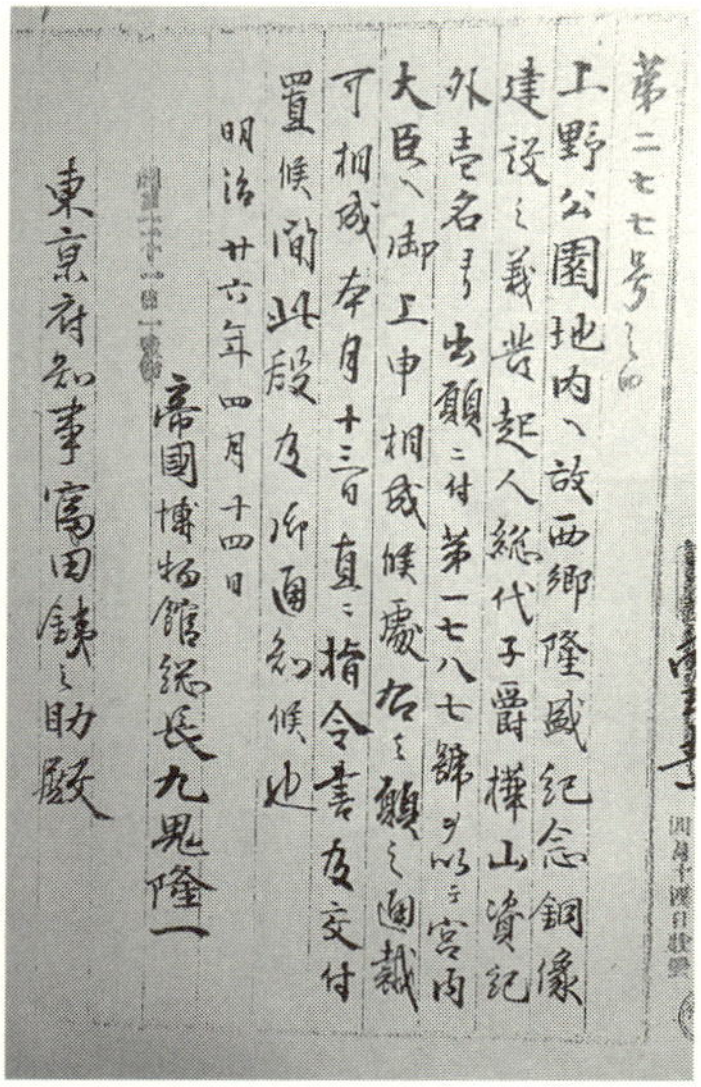

第二七七号ノ四
上野公園地内ヘ故西郷隆盛紀念銅像
建設之義發起人總代子爵樺山資紀
外壹名ヨリ出願ニ付第一七八七號ヲ以テ宮内
大臣ヘ御上申相成候處右ハ願之通裁
可相成本月十三日直ニ指令書及交付
置候間此段及御通知候也
明治廿六年四月十四日
帝國博物館總長九鬼隆一
東京府知事富田鐵之助殿

上野公園へ変更する文書

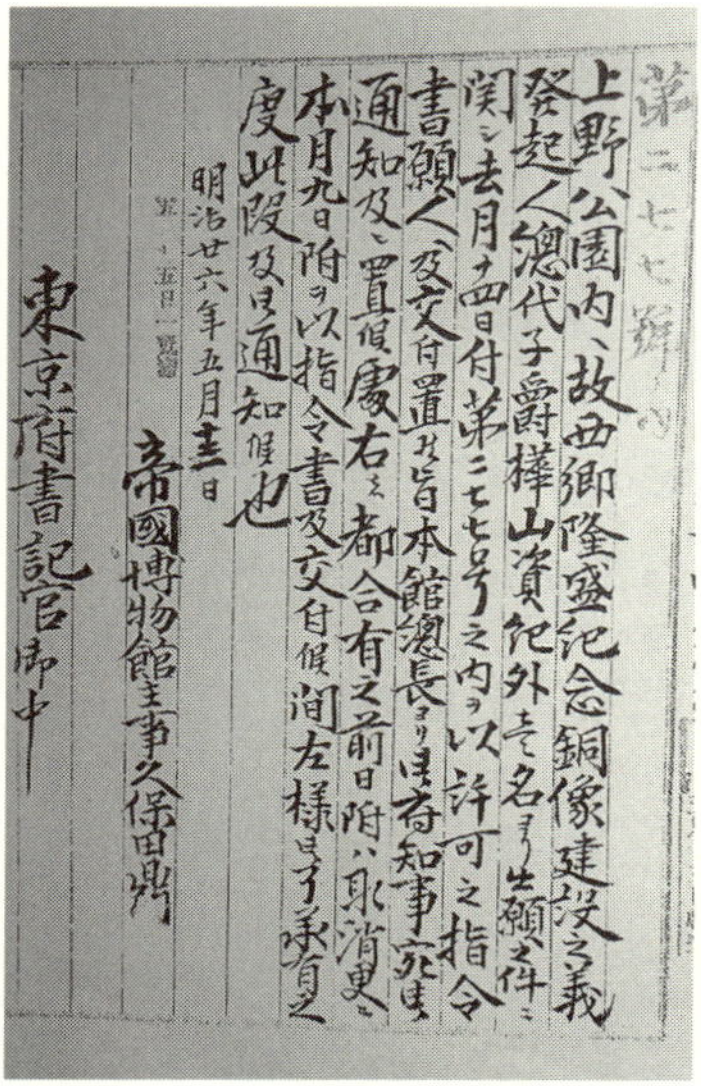

第二七七號ノ
上野公園内ヘ故西郷隆盛紀念銅像建設之義
發起人總代子爵樺山資紀外壹名ヨリ出願之件ニ
関シ去月十四日付第二七七号之内ヲ以許可之指令
書願人ヘ及交付置候旨本館總長ヨリ貴府知事宛ヲ
通知及ヒ置候處右ハ都合有之前日附ハ取消更ニ
本月九日附ヲ以指令書及交付候間左樣御承知有之
度此段及通知候也
明治廿六年五月十二日
帝國博物館主事久保田鼎
東京府書記官御中

上野公園を管理する帝国博物館からの通知書

である九鬼隆一から東京府知事へ出された。

　政府は銅像建立にあたって、西郷銅像の服装までも点検した形跡がある。

　建立の発起人の九鬼隆一、樺山資紀が、同年七月十九日付けで、西郷の服装について東京府知事経由で陸軍大臣へ通知している。

　九鬼、樺山らの計画では、西郷銅像の服装は陸軍大将の制服のはずであった。なぜ西郷の服装を陸軍大臣へ通知する必要があったのか。

　時の陸軍大臣は西郷の従弟大山巌であったが、総理大臣伊藤博文と陸軍大臣大山巌との間で、服装を巡って激論が

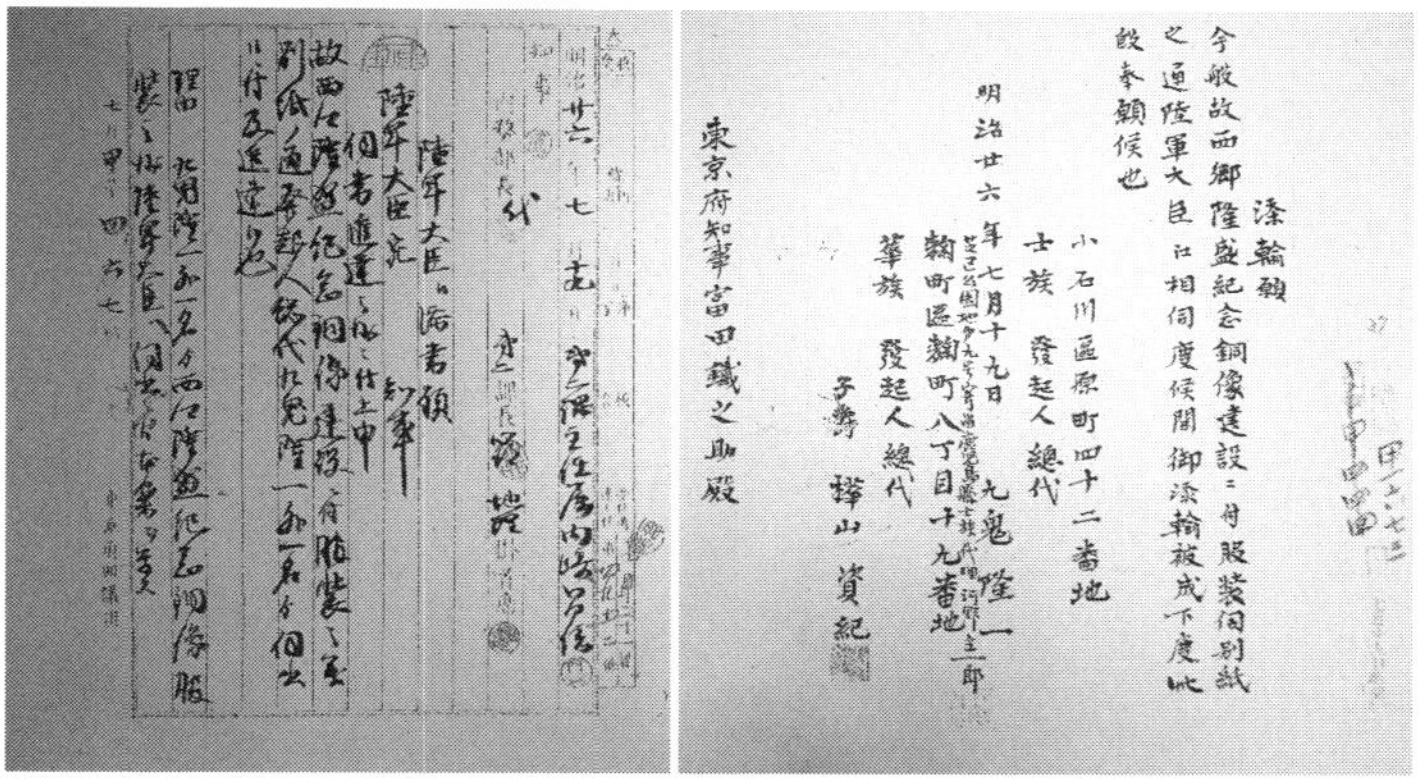

添輸願

今般故西郷隆盛紀念銅像建設ニ付服装伺別紙之通陸軍大臣ニ相伺度候間御添翰被成下度此段奉願候也

明治廿六年七月十九日

小石川區原町四十二番地
士族　發起人總代　九鬼隆一

麹町區麹町八丁目十九番地
華族　發起人總代　子爵　樺山資紀

東京府知事富田鐵之助殿

東京府へ出された西郷の服装についての伺書（右）と同日付で陸軍大臣へ出された伺書（左）

あったに違いない。

その結果、発起人が申請した陸軍大将の制服案は却下され、現在の和服姿になったのだろう。

和服姿の西郷銅像も庶民的で悪くはないが、なぜ陸軍大将の制服では都合が悪かったのか。

薩摩と長州の主導権争いが、銅像の建立場所だけでなく、服装の是非まで波及していたのだろうか。

最終的には、銅像建立の申請書が出され除幕式が行われるまで、約八年もの歳月がかかった。

銅像建立委員会の委員長には、宮内次官の吉井友実が就任した。西郷と同郷で幼なじみであった吉井は、西南戦争では大久保を支援したが、西郷亡き後に一年忌を執り行うなど西郷に寄せた尊敬は大きかった。

銅像の建立資金は、明治天皇が金一封として五百

上野公園の西郷隆盛銅像

円を出した。その他、西郷を慕う約二万五千人から寄付が集まった。

そして高村光雲が製作にあたり、明治三十一年十二月十八日、ようやく除幕式が行われた。除幕式には勝海舟、大山巌、東郷平八郎ら約八百名が出席した。

明治三十一年十二月十九日、東京朝日新聞は「犬を伴われた大西郷　銅像除幕式挙行さる」という見出しで、西郷銅像の建立を報道した。

記事は、「昨日午前上野公園に於て故西郷隆盛翁の銅像除幕式を行ひたり、当日公園入口には紅白の国旗をひるがえし……」と続く。西郷は明治二十二年に正三位が贈られ復権したが、死後二十一年を経て銅像が建立されたことで国民から広く祝福され、後世まで親しまれるようになった。

約千文字で報道された東京朝日新聞の記事を現代訳すると、次のようになる。

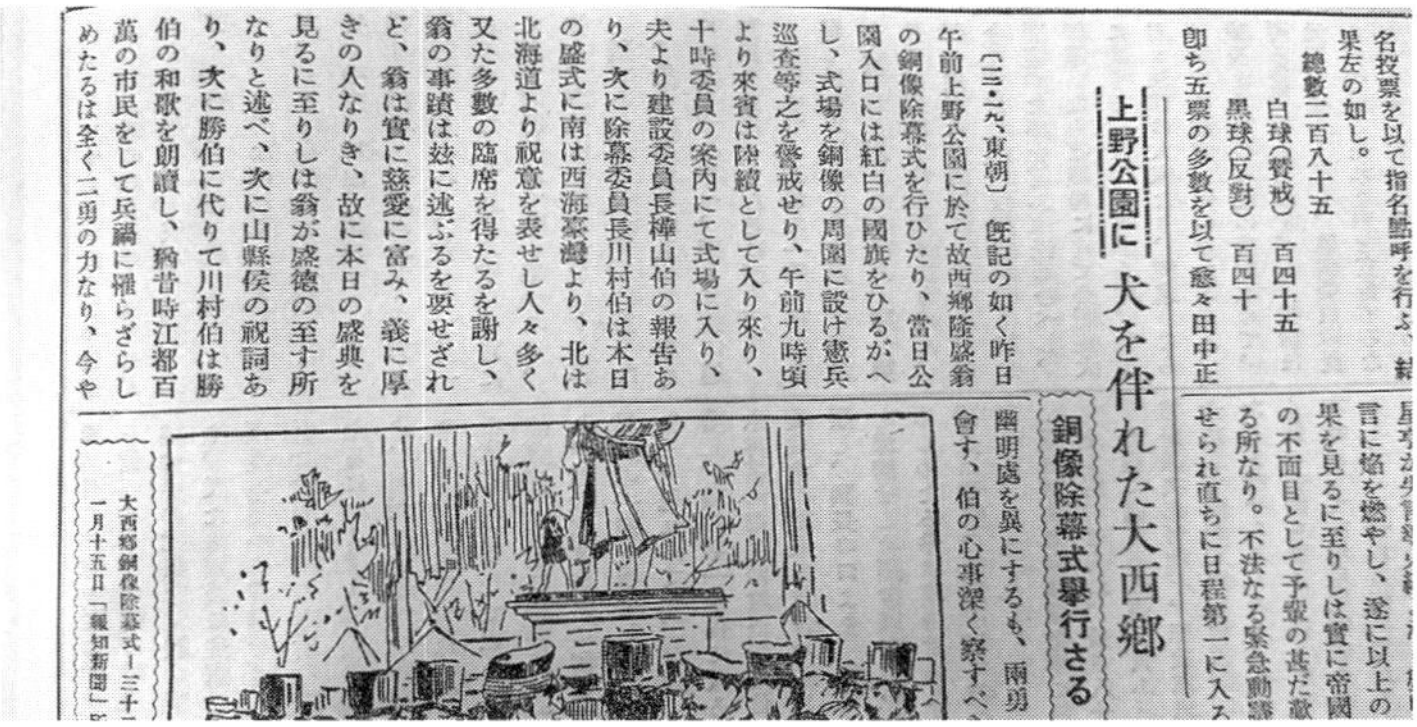

名投票を以て指名點呼を行ふ、結果左の如し。
總數二百八十五
白球(賛成)　百四十五
黒球(反對)　百四十
即ち五票の多數を以て愈々田中正

言に焔を燃やし、遂に以上の果を見るに至りしは實に帝國の不面目として予輩の甚だ歎る所なり。不法なる緊急勅語せられ直ちに日程第一に入

上野公園に　犬を伴れた大西郷
銅像除幕式擧行さる

〔一二・一九、東朝〕既記の如く昨日午前上野公園に於て故西郷隆盛翁の銅像除幕式を行ひたり、當日公園入口には紅白の國旗をひるがへし、式場を銅像の周圍に設け憲兵巡査等之を警戒せり、午前九時頃より來賓は陸續として入り來り、十時委員の案内にて式場に入り、夫より建設委員長樺山伯の報告あり、次に除幕委員長川村伯は本日の盛式に南は西海臺灣より、北は北海道より祝意を表せし人々多く又た多數の臨席を得たるを謝し、翁の事蹟は玆に述ぶるを要せざれど、翁は實に慈愛に富み、義に厚きの人なりき、故に本日の盛典を見るに至りしは翁が盛德の至す所なりと述べ、次に山縣侯の祝詞あり、次に勝伯に代りて川村伯は勝伯の和歌を朗讀し、猶昔時江都百萬の市民をして兵禍に罹らざらしめたるは全く二勇の力なり、今や幽明處を異にするも、兩勇會す、伯の心事深く察すべ

大西郷銅像除幕式－三十一
一月十五日「報知新聞」

明治三十一年十二月十九日の東京朝日新聞

「昨日午前、上野公園で西郷隆盛翁の銅像除幕式が行われた。公園の入口には紅白の旗が並び、除幕式の会場周囲には憲兵や巡査が警戒した。午前九時頃から来賓が次々に訪れ、午前十時から除幕式典が始まった。

式典では銅像建立委員長の樺山資紀氏が経過報告した。続いて除幕委員長の川村純義氏が、『除幕式に南は台湾、北は北海道から祝意を表す人が多く参列されたことを感謝します。西郷翁の事績はここで述べる必要はない。西郷翁は実に慈愛に溢れ、義理に厚い人であった。本日の除幕式に多くの人が集まったのは西郷翁の高徳のいたすところである』と述べた。

次に、山縣有朋氏が祝詞を述べた後、川村純義氏が勝海舟の和歌を朗読した。川村氏は、『かつて東京の百万人の国民を戦禍から守ったのは、西郷と勝の力である。今では二人は幽明（あの世とこの世）を異にしている

が、二人はここで再会した』と述べた。

この後、西郷侯爵（西郷従道）の令嬢の手で幕が開かれた。

銅像は右手に猟犬を連れ、左手を腰に当てて刀の鞘口を押え、遠くの空をにらんでいる。

これは、西郷が征韓論に敗れて同志と鹿児島の武村に帰った時、盛んに湧いてくる覇気を深く心に収め、ある時は鋤や鍬を手にし、ある時は犬を連れてウサギを追っていた時の様子である。

腰につけている刀は西郷が秘蔵していた刀に模したもので、拵《こしらえ》（日本刀の外装）は薩摩製である。

花崗岩の台座の上に建てられた銅像の周囲には鉄柵が張られ、台座には以下の詩が刻まれている。


『西郷隆盛君之偉功、在人耳目、不須復贅述、前年勅特追贈正三位、天恩優渥、衆莫不感激、故吉井友実興同志謀、鋳銅像、以表追慕之情、朝旨賜金以傾費、損資賛比学者、二万五千余人、明治二十六年起工、至三十年而竣、乃之建上野山王台、記事由、以伝後』

台座に書かれた詩を直訳すると次のようになる。

『西郷隆盛君の偉功は、人の耳目にあれば、復、贅述をすべし。

前年、勅により、特に正三位を追贈される。

天皇の優しい配慮に、皆国民は感激しないものはいない。故、吉井友実同志らが計画し、銅像を造りて、以って追慕の情を表す。朝旨ありて、金を賜り、その経費とした。この計画に賛同する者二万五千余人。明治二十六年に起工し、三十年に至りて竣工する。乃ち、之を上野山王台に建て、事の由を記し、以って後に伝える』

式典では音楽隊の演奏もあり、会場では拍手喝さいの声が沸いていた。

この後、来賓一同は博物館第五号館内で、立食で食事しながら銅像の建立を祝った。参加者は約八百名で、時の総理大臣山縣有朋、内務大臣西郷従道、大山巌、田中不二麿、通信大臣芳川顕正、海軍大臣山本権兵衛、文部大臣樺山資紀、青木周三等の諸大臣をはじめ、勝海舟、上方の伯爵、福羽美静、谷干城、榎本武揚、伊藤博文、九鬼隆一、渡辺章、仁禮景範など、陸海軍人を含む多くの要人らが出席した。このほか、明治維新の前から西郷と親交があったアーネスト・サトウも参加し、感慨深い式典だった。午後〇時半ごろ散会した」

以上が東京朝日新聞の記事である。

出席者の西郷従道は西郷の弟、大山巌は西郷の従弟、樺山資紀、黒田清隆、伊藤博文、谷干城らは西南戦争で官軍の幹部だった。そしてこの時、伊藤博文は無役だった。また、西郷の理解者であった勝海舟はこの翌年に死亡している。朝日新聞の記事によると、松方正義は出席した記録はない。

式典で、建立までの経過報告をした樺山資紀は、銅像建立予定地は皇居前の広場であったが、変更され現在の上野公園内に決まったことを、次のように明らかにした。

贈正三位西郷隆盛君の銅像建設成るを告げ本日除幕式を行なうにあたり、建設の顛末を述べ諸君の清聴をわずらはさんと欲す。

明治二十二年二月十一日、憲法発布の盛典が行なわれるに際し、朝廷、君の手柄に対して特に正三位を贈られる。朝廷の思し召しに皆感激しない者は無く、芝公園弥生社において祭典を執行して、故吉井友実君、主として君の遺像を建設することを提案して、参会者一同皆賛成して、銅像建設委員会を設ける事にして樺山にその委員長を委嘱され、その年十一月趣意書を作成して融資者の賛同を求める。爾来続々四方寄付の申込あり、又、宮内省より特に五百円を下賜せられ、前後寄付者二万五千余人、金額三万二千余円に至り、建築工事一切之を男爵九鬼隆一君と謀り東京美術学校に委託した。その工事費は二万五千九百五十円也。建築場所は最初、宮城外の広場に許可を得たりしが、都合ありて之を撤回して、更に今の場所に定めて許可を得る。

銅像の設計図は、最初は軍服姿にするなど苦心を極め、その為に延び延びになったが、ついに今の姿に決定した。これは即ち君が日頃好む山野で狩りをする姿に、その超凡、脱俗のおもむきを示したり。模型彫刻は高村光雲氏　鋳造は岡村雪馨氏が担当した。台座工事は塚本靖氏が主任担当した。

建設の概略は以上である。建立に際しては宮内省の恩賜と有志者多数の寄付ありて費用に窮する事無く、且つ工事に関し諸君の容易懇切、技巧成熟により成功に至る。誠に感謝に堪えざるなり、若しそれ金員収支の詳細に至りては精算をしたる上、更に明細書を報告する。

目下の計算によれば若干の余剰金が生ずる見込みあり、この余剰金は慈善事業に寄付することを望む。西郷は平生慈愛の志を身に付けており、以ってこの処分をなさんとするなり。寄付者諸君のあらかじめの了解を頂ける様、併せて此処に希望を述べる。（傍線は著者）

なぜ、建立場所が皇居前から上野公園へ変更されたのか。

銅像建立に本格的に着手した明治二十三年は、薩摩出身の松方正義内閣であった。いったん許可された建立場所が取り消されたのは明治二十五年十二月八日で、当時は長州出身の伊藤博文内閣だった。建立場所変更の経緯を記録する資料は、二百四十一頁などで紹介した通りである。

銅像建立場所の変更の経緯を詳しく調査した書籍はない。

専門家の研究を待ちたい。


伊藤は大久保と極めて近い関係で、岩倉使節団として一緒に欧州視察に行った。帰国後、伊藤は大久保の筆頭秘書的な存在だった。

竹馬の友であった西郷と大久保は、明治維新以降次第に離れ、明治六年の征韓論で二人は決定的に対立した。西郷銅像を皇居前に……という計画に、伊藤が積極的に賛同したとは思えない。

だから銅像は皇居から離れて、上野公園内に設置されたのではないだろうか。

西郷隆盛の肖像（画・佐藤均）

樺山資紀は、建立式典で「建築場所は最初、宮城外の広場に許可を得たりしたが、都合ありて之を撤回して……」（二百四十九頁傍線参照）と述べている。

「……都合ありて撤回……」と樺山が述べた都合とは、具体的にはどんな都合だったのだろうか。

明治維新以降、薩摩と長州が朝廷と政権を支えてきたが、両者の主導権争いはその後も長く続いている。

建立式典に招かれた元老院議官で歌人の福羽美静は、西郷銅像を前に次の歌を詠んだ。

「国のために尽くし、国のために尽くして猶々《なおなお》と思いし君が心尊き」

参考文献

『早稲田清話』大正十一年七月十五日、大隈重信、冬夏社

第十三話
西郷銅像（鹿児島）除幕式

昭和十二年五月二十三日、鹿児島市山下町（鶴丸城二の丸跡地）に西郷銅像が建立され、除幕式が行われた。銅像は西郷隆盛が亡くなった城山を背景に建立された。東京上野に西郷銅像が建立されてから約四十年後、郷里鹿児島に西郷隆盛が蘇った。

鹿児島朝日新聞と地元紙の鹿児島新聞は、銅像の建立を連日大きく報道した。二紙の報道から、当時の様子を振り返る。

昭和十二年五月二十三日午前七時、城山から花火が五発、大きく鳴り響いた。除幕式典の開催を知らせる花火だ。この日は朝から小雨模様だった。鹿児島市内の各家には国旗が掲げられ銅像の完成を祝った。

市電は、朝日通から七高前（旧清水町線の停留所名か）の区間、午前六時半から午後二時まで運転が休止された。そして、七高前から桜島桟橋までは代替バスが運行され、除幕式に参列する人たちを運んだ。

市バスも、午前八時から正午まで、図書館前（現在の県立博物館前）から市役所を経由して郵便局前（現在の鹿児島東郵便局前）の区間が運転休止された。除幕式に参列する市民の混雑を避けるためだ。

会場近くに設置された掲示板には、入場心得が細かく掲示された。それによると入場は、①遺族、西南戦争従軍者、来賓及び奉賛会会員は郵便局前、②高等専門学校、男子中等学校、男子青年学校の生徒は郵便局前、③婦人会員、女子中等学校、女子青年学校の生徒は館馬場の七高前、④在郷軍人、男子青年団、学舎団は公会堂（現在の中央公民館）東側小路、⑤小学校児童は館馬場の図書館側、⑥一般は館馬場の各種団体の後方、の六カ所の入り口が設けられた。

さらに、参列者の駐車場は教育会館前、控室は公会堂（現在の中央公民館）の貴賓室に来賓と銅像製作者、遺族は第二会議室、県外の来賓は第一会議室、県内の来賓と従軍者は一階大ホールと分けられ、周到に準備されたことがうかがえる。

除幕式の会場となった公会堂前広場から銅像前までには多くの市民が集まり、式典が始まる一時間前には満席になった。鹿児島市内の各学校の生徒らは公会堂前、図書館側（現在の博物館側）、女子師範学校側（現在の名山小学校側）の三カ所に分かれ、校旗を先頭に整列した。

最前列には南洲翁五十年祭奉賛会総裁島津忠重公爵、奉賛会長中村安次郎知事、奉賛会副会長伊地知四郎市長らが座り、開式を待った。

午前十時四十分、号砲が一発鳴り響いた。そして一同が敬礼した後、神さまをお招きする清めの儀礼、修跋《しゅばつ》の儀が行われた。続いて紅白の紐が除幕者の西郷従徳《じゅうとく》へ渡された。

当時、準国歌として歌われていた「海ゆかば」が演奏される中、除幕されると白布に覆われた銅像が姿をあらわし、一同が起立して拍手した。

銅像は高さ五メートル五十七センチ（現在、銅像前の案内板には五メートル二十五センチ七ミリと表示してあるが、計測ミスであろう）、台石一メートル二十一センチ、台座は庭園式で道路面から七メートル二十七センチ。着工から七年で、総工費十一万円をかけた西郷隆盛の銅像が新緑の城山を背景に建立された。

そして南洲神社祭主に続き、南洲翁五十年祭奉賛会総裁島津忠重公爵、遺族総代の西郷従徳、銅像製作者の安藤照の順で玉串が捧げられた。

この後除幕の式典が行われ、奉賛会総裁の島津忠重公爵は次のように挨拶した。

「南洲翁五十年祭奉賛会の事業として計画された南洲翁の銅像建設が、十年の歳月を費やして今回竣工し、除幕式を挙行するに至りましたのは関係諸君とともにご同慶に堪えない次第であります。

つきましては全国多数の賛助者に対して、又事業担当者の長い間の苦心と努力に対して厚く感謝しなければなりません。なお今は亡き東郷元帥をはじめ、最初から深い関係を持ちながら途中で亡くなられた方々のご功労を思うと同時に、その方々と喜びを共にすることのできないことを遺憾に思います。

私個人としてもうれしく有り難く思いますことは、南洲翁のような大偉人が私の家に関係の深い鹿児島に出現したということであります。しかも或る歴史家の説によりますと、島津家七百年の間に培われた士風の真髄が南洲翁の大人格になってあらわれたということであれば、喜びを禁じ得ないのであります。南洲翁を輩出したことは鹿児島の誇りに相違ありませんが、南洲翁は広く天下の南洲翁であり、鹿児島だけのものにすべきではありません。東京の西郷銅像も鹿児島の西郷銅像も、天下とともにこれを愛護していきたいと思います。

思うにこの銅像は将来、鹿児島名物のひとつになるでしょうが、単にお国自慢の材料や銅像としての芸術的素材にならないように、南洲翁を永遠に活かす工夫があってほしいと思います」

続いて工事概要の報告がおこなわれた後、奉賛会会長で鹿児島県知事の中村安次郎が、江戸城の無血開城に加えて、国家百年の計は人材育成に在る、として私学校を創設されたことなど南洲翁の偉大な功績を披露し祝辞を述べた。

最後に、遺族代表として西郷従徳が「陸軍大将の姿の銅像が完成したことは、伯父はもとより我々遺族にとって感激の極みである」と感謝の言葉を述べた。

除幕式はこれで終了しこの後祝賀会が行われたが、銅像前に一万人を超える市民が集まった、と当時の新聞は報道している。

銅像の土台は築山式の日本庭園をイメージして作られたが、石材は小根占海岸から運ばれた。前年の五月から六月にかけて、小根占海岸で採取し運ばれた石材は、二十五トンの台石をはじめ大小あわせて四百五十個。これに二の丸跡地にあった庭石の百個を合わせた五百五十個の石が使われた。

題字は東郷元帥の揮毫によるもので、銅板に横文字で西郷隆盛像と書かれている。製作者の安藤氏が東郷元帥に、題字を「南洲翁」とすべきか「西郷隆盛先生」とすべきか尋ねたところ、東郷元帥は「西郷隆盛像」が良いと答え、題字はこの文字に決まったという。東郷元帥は昭和九年五月に死去し、除幕式には参列できなかった。

西郷隆盛像の題字は東京の鋳物屋で製作された。長さ一メートル二十センチ、巾四十五センチで銅像の台石の真下、庭園前面の山頂近くにある自然石に銅板が埋め込まれた。この銅板はあえて外からは全く見えない位置に取り付けられたが、これについて安藤氏は「題字を銅像のどこに置くかはいろいろ考慮した結果、人目に付かない銅像の台石の真下に据えることにした。誰でも一見して南洲翁の銅像であるとわかる。強いて題字を表面に掲げることを避け、出来るだけ良いものは内部に隠しておきたいという私の芸術的精神から何人からも気づかれない場所に置いた」と、鹿児島朝日新聞の取材に答えている。現在は、題字が書かれた銅板と同様のものが銅像前の道路脇にも設置してある。

鹿児島朝日新聞はこの日号外を出して、銅像の除幕式の模様を大きく報道した。号外は、「城山の新緑冴えて、仰ぐ大西郷の雄姿　万雷の拍手樹間に鳴動し、今日厳かな除幕の盛典」という見出しで、西郷従徳による除幕の瞬間の写真も掲載している。

西郷銅像の服装は、明治六年四月千葉県習志野市で日本陸軍の最初の大演習が行われた時、西郷が着用した陸軍大将の制服姿である。

大演習の日は風雨が激しく大雨となり、西郷は明治天皇が野営するテントの前で、一晩中雨に濡れながら警備した。この時の西郷をイメージしており、靴は雨を避けるために履いた長靴となっている。

銅像製作者の安藤氏によると、服装は西郷家に秘蔵されていた陸軍大将の大きな制服を借りて、西郷菊次郎の令息西郷隆治に着てもらい、だぶつくところは真綿を二貫（約七・五キロ）程ギッシリ詰めて、胸のふくらみや腰の落ち着き具合などを詳細に探って再現した、と語っている。


除幕式の祝賀会の会場となった照国神社の境内では、伊集院町など六地区の青年団が太鼓踊りなどを披露し祝賀会を盛り上げた。

この日の市電は日の丸を掲げて走行し、モーニング姿の市民で車内は満席が続いたほか、銅像前では市民の参拝が絶えなかった。

午後四時からは、鹿児島の社交場であった鶴鳴館で「南洲翁を語る会」が開かれ、西郷従徳が南洲翁の逸話を披露した。宴会の料理は、西南戦争で亡くなった薩軍の兵士を偲んで、さつま汁、ツケアゲ、握り飯の三品に限定された。参加者は質素な食事で西南戦争を偲びながら懇談し、午後八時に散会した。

地元紙の鹿児島新聞も銅像の完成を祝い、除幕式の前から連日大きく報道し、除幕式当日には紙面の全面を使って祝賀広告を掲載した（次頁写真参照）。

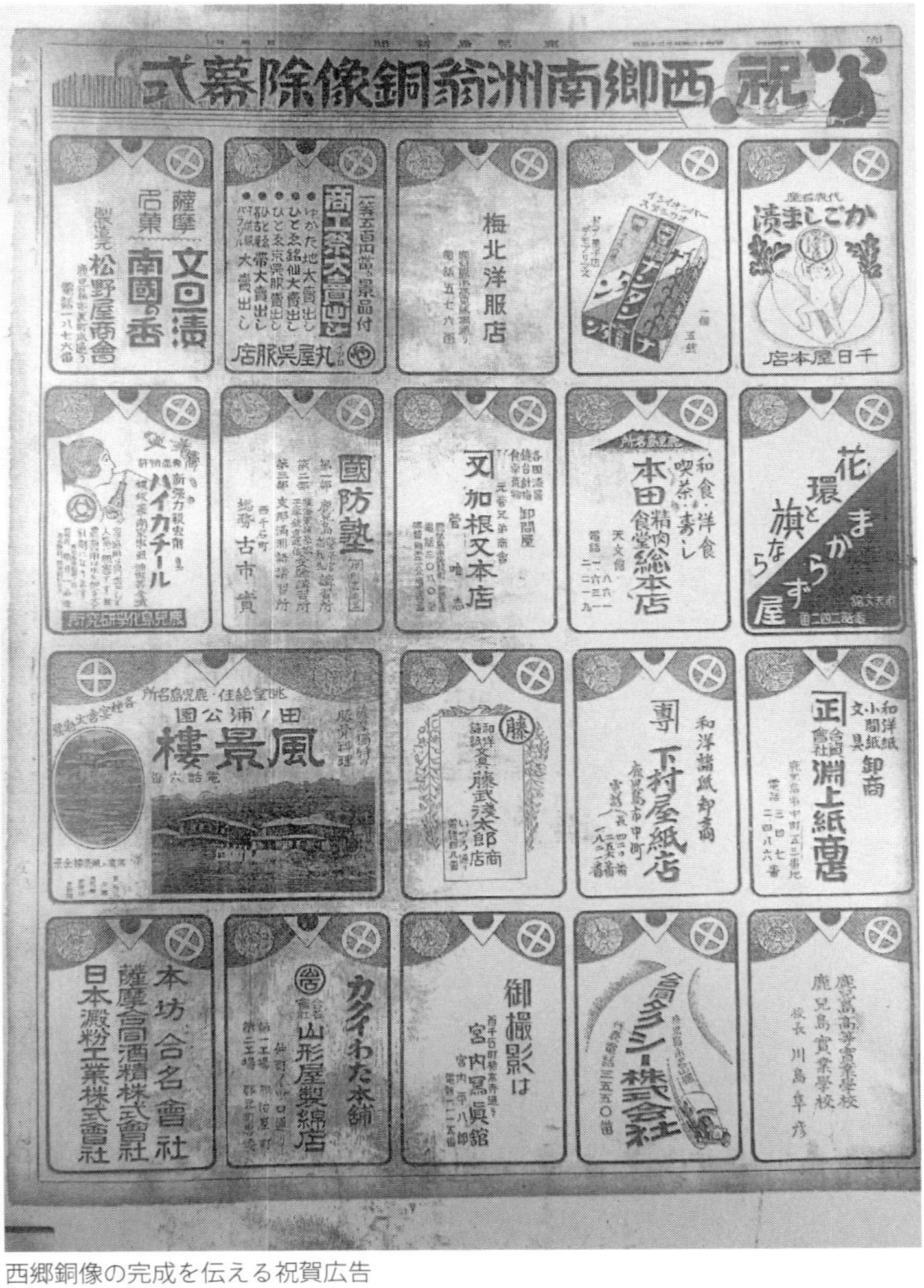
祝西郷南洲翁銅像除幕式

かごしま漬
千日屋本店

梅北洋服店
電話五七六番

商工祭大賣出し
丸屋呉服店

薩摩名菓
文旦漬
南國の香
松野屋商會

花環と旗ならまからずや

和食・洋食
喫茶・すし
精肉
本田食堂總本店
天文館

刈加根又本店

國防塾
古市實

ハイカチール
鹿児島化學研究所

和洋紙
文房具
卸商
合名會社淵上紙店

和洋諸紙卸商
下村屋紙店
鹿児島市中町

藤武淺太郎商店

田ノ浦公園
風景樓

鹿児島高等實業學校
校長 川島

合同タクシー株式會社

御撮影は
宮内寫眞舘

カタイわた本舗
山形屋製綿店

本坊合名會社
薩摩合同酒精株式會社
日本澱粉工業株式會社

西郷銅像の完成を伝える祝賀広告

翌二十四日は午前十時から南洲神社で銅像建立の奉告祭が行われた。

奉告祭には、奉賛会総裁の島津忠重や西郷従徳など、前日の除幕式に参列したほとんどの人たちが参列した。南洲神社の能勢祭主の玉串奉奠《たまぐしほうてん》のあと、参列者が次々に玉串を捧げ、午前十一時半に終了した。

この日も雨だったが、市内の各小学校の児童は、校旗を先頭に南洲神社を訪れ参拝した。また、南洲神社の境内では雨の中、棒踊りが奉納された。

一方、山下町の西郷銅像前も前日に続き多くの市民がつめかけ、銅像前に釘付けになっていた、と新聞は報道している。

ところで、南洲翁五十年祭奉賛会はいつ組織されたか不明であるが、銅像建立は鹿児島市長の上野篤氏により準備が進められ、昭和二年十月白男川市長の時代に南洲翁五十年祭の開催と四つの計画（①講演会と遺墨展の開催、②南洲神社の境内を整備、③伝記の編纂、④銅像の建立）が十年計画で進められた。

銅像製作者の選考はこの時から始まり、鹿児島出身の和田英作、藤島武二らの意見を参考にして、彫刻家で帝展の審査員の安藤照を適任者として決め、昭和三年七月十七日、東郷元帥が安藤氏へ銅像製作を直接依頼した。

初代の奉賛会総裁には東郷元帥が就任していたが、東郷元帥が昭和九年に亡くなり、二代目総裁として島津忠重が就任した。

銅像製作者・安藤照の証言

昭和十二年九月に発行された雑誌『改造』には、安藤照が西郷隆盛の銅像製作の経緯から完成までをまとめ、寄稿している。

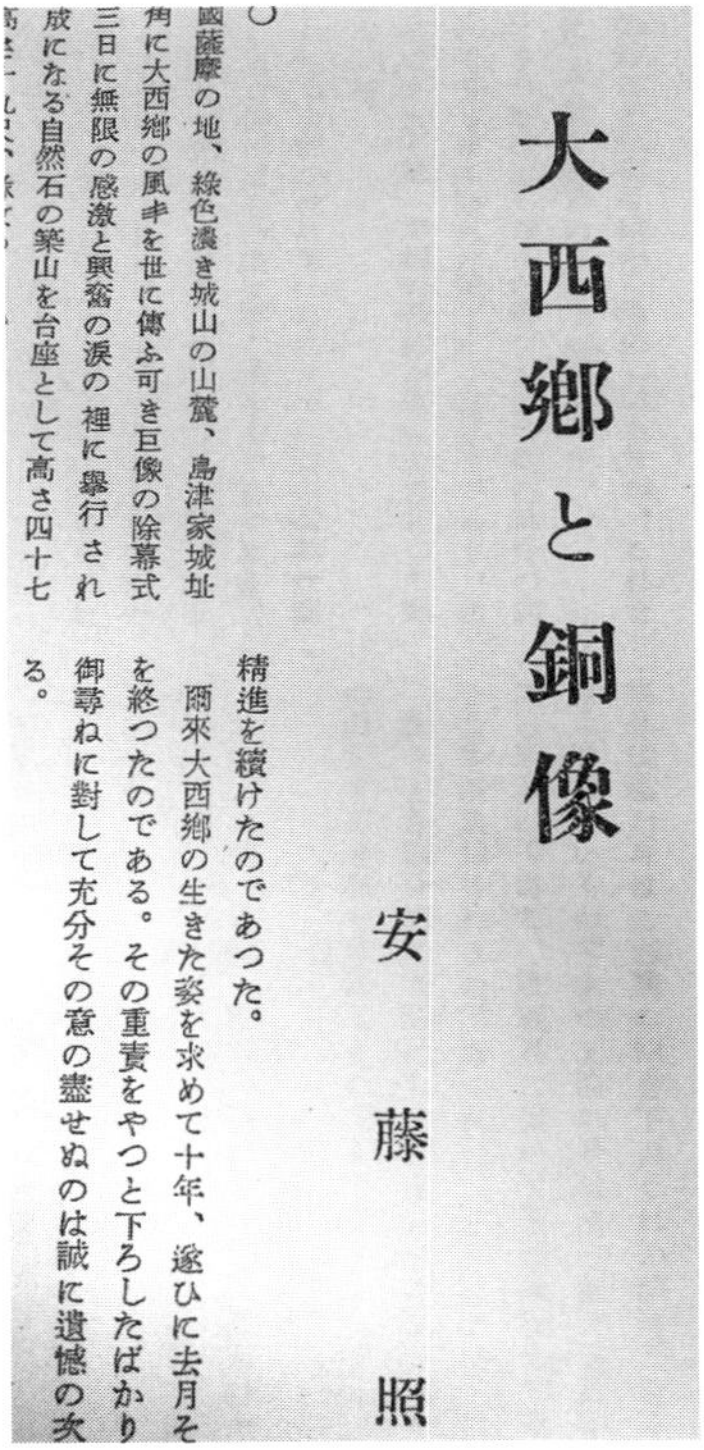
大西郷と銅像

安藤照

○
國薩摩の地、綠色濃き城山の山麓、島津家城址
角に大西郷の風丰を世に傳ふ可き巨像の除幕式
三日に無限の感激と興奮の涙の裡に擧行され
成になる自然石の築山を台座として高さ四十七

精進を續けたのであつた。
爾來大西郷の生きた姿を求めて十年、遂ひに去月そ
を終つたのである。その重責をやつと下ろしたばかり
御尋ねに對して充分その意の盡せぬのは誠に遺憾の次
る。

雑誌『改造』より

「大西郷と銅像」と題した論文は約一万字の長文で、銅像製作の苦労話が具体的に語られている。

安藤照の論文を本文の流れに即して要約、一部略して紹介する。

前略

先ず第一歩として東京、鹿児島で資料収集を始めた。南洲翁を知る生存者や近親者、古老の談話を求め歩いた。次に画像は狩場で犬を連れた絵や、陸軍大将の姿画などがあるが、最も肖像画に近いものはキヨソネが書いた銅版画であると判断した。キヨソネが描いた西郷画は顔の上半分は西郷従道、下半分は大山巌の顔を取り入れて出来たものであるが、このことは余り知られていない。

キヨソネ筆の西郷画

ある日、令息の西郷午次郎氏が二人の写真を持ってきて並べて見せられた。

私はこの肖像画を検討し彫刻模写を試みた。その結果、顔は七対三の割合で横向き、陰影はかなり細かく描写してある。

全体的にみて大体、世に伝わる西郷像の輪郭は備えている。例えば眼は輝き、黒い大目玉である。眉は濃く太い。腫れた頬、細く引き締まる口唇、隆々たる双肩など肖像画として要点は描写されている。

しかし、西南戦争の出発時に、南洲翁の近くにいた西郷小兵衛の未亡人マツ子女史の話を聞いた午次郎氏は、このキヨソネ画に不満があった。

理由は、この画が従道侯爵に近いことであった。具体的には南洲翁の耳はこの画のように下ぶくれの福耳ではない。この耳は大山巌元帥の耳で、翁の耳はまっすぐな長い耳だったと言う。

近親者について実際観察してみると、なるほどと承知された。

翁の体躯についても研究を進めたが、その基本になったものを語りたいと思う。

西郷隆盛像

明治六年四月末から同年五月にかけて陸軍の最初の演習が習志野で行われた。

翁は陸軍大将として終始、明治天皇の近くにお仕えしていた。野営の天幕の周りを風雨でずぶ濡れになりながら、護衛として立たれていた。

この時、ずぶ濡れになった陸軍大将の制服を別に新調されたが、この制服が西南戦争の時、最後の決戦を前に長井村で焼かれたと伝えられている。習志野の演習で着用した制服が今も西郷家に保存されている。これが銅像製作の第一の足場となった。

帽子のアゴヒモ、神社の彫りのある金具が付いたバンドなど当時のままであったので大体の様子を想像することが出来た。

襟は十九インチ、身長は五尺九寸、体重は二十九貫というので胴廻りなどの研究を進めることができた。

翁の令孫の隆治氏は柔道剣道の達人で相当偉大な体躯の持ち主であるが、この大将服を着用せられても、なお二貫余りの綿を入れなければならなかった。

私どもが二人も一緒に中に入れるような胴廻りである。

靴は面白いことにゴムの長靴が残っていた（写真①参照）。

剣は洋風の造りであるが中身は立派な日本刀で山城国初代信国の作である。そしてこの剣は、大将服を焼かれた時に土手のなかに突っ込んであったものを後から発見したので、鮫皮の鞘は大分、腐れていた。しかし中身も外見も立派に残っていたので、これも忠実に模写することができた（写真②参照）。

次に翁は非常に相撲好きだった。薩摩は古来、相撲を奨励しており明治維新の薩摩の藩兵の

写真①　長靴

写真②　日本刀

武術として翁は自ら土俵に模範を示して錬武し、士気を鼓舞していた。

明治十年の西南戦争の直前までは武村の邸宅にある土俵で相撲を取られていた。すでに五十歳を過ぎていたが横綱格の立派な体躯の持主であった。翁は押しの一本手であり、勝つための相撲ではなく古相撲道の精神を持っておられたということである。

当時有名な力士だった横綱の陣幕久五郎がある日、翁の邸宅に訪問した。

玄関で二人の後姿を見た夫人は、体つきがほとんど同じようであった、ということである。そのほか、①肥満していたが引き締まった肉付きであった、②相撲を取られていたので耳は耳だこが出来ていた、③首は短く肩が山のように聳えていた、など談話により想像することが出来た。

大西郷の銅像としてどんな服装にするかは第一に考えられた問題であった。

翁は端然とした容姿で実に几帳面な方であった。世人の考えるような豪傑型ではなかった。

日本最高の陸軍大将服でしかも人爵（官位や栄誉の勲章）を一つも付けず、歴史的にも残されるべきこの服が現存していないことなどを考えながら試作を続けた。

彫刻的な表現として、まずポーズを三種類考えた。

その一つは動きのある姿勢を示したもの、二つ目は最も静かで外面的には何ら変化のないもの、三つめはこの中間のもので、試作を続けた。

今度建てられた銅像はこの中間のもので左右、前後に多少変化を見せてある。

左手の鞘は後方斜めに、右手の帽子は腰のところに当て腕と胴の間に空きを見せて左右の調和を求め左足を少し出し、両足の開きを八の字の形に広く、大きくゆったりとした広がりを示した（写真③参照）。

刀の持ち方も日本刀に対する翁の気持ちを如何に表すべきか考慮した。

帽子の持ち方、足の置き方、腰の入れ方、顔の向け方、顔の表情と緊密な姿勢にも翁の全精神が流動していることを目標に「静」にして「動」のこのポーズにより重厚なる手法、強靭なる動きを遺憾なきまでに追求し試作を続けた。

彫刻的な表現に終始した私は従来の形式の様な絵画的なものを避けた。

例えば眼玉の黒味を彫っていないのである（写真④参照）。

写真③　帽子と腕と胴の空き

写真④　太い眉による陰影

これは眼玉の黒味を深く彫って、影による暗さでこれを示す方法や眉毛の大きさを陰影によらずに表現したのである。

このほかいずれも量感の持つリアルな追求を進め、遂に粘土による原型の巨像を完成させたのである。

この原型は大仕掛けな工作により石膏となり、次に鋳物原型となり、部分的にアトリエから工場へ運ばれ、数カ月後にブロンズの丈夫な像として組み立てられた。そして深夜の東京市街を運ばれて東海道線の大型貨車に剱先だけを残して積み込まれたのであった。

終わりに台座の事を申し述べたい。

像のすぐ下の巨石は地下に深くコンクリートによる基礎工事を行い、まず三つ位の山の起伏を集めて、台座全体を構成した。多くの捨て石のほか、ただ一角だけを見せる石、斜めに平らな部分を見せる石、全貌を見せる石、あるいは断崖を思わせ谷間を見せる石などで構成した。

何しろ起重機を使って幾人かの人夫の手で動かされた大きな石

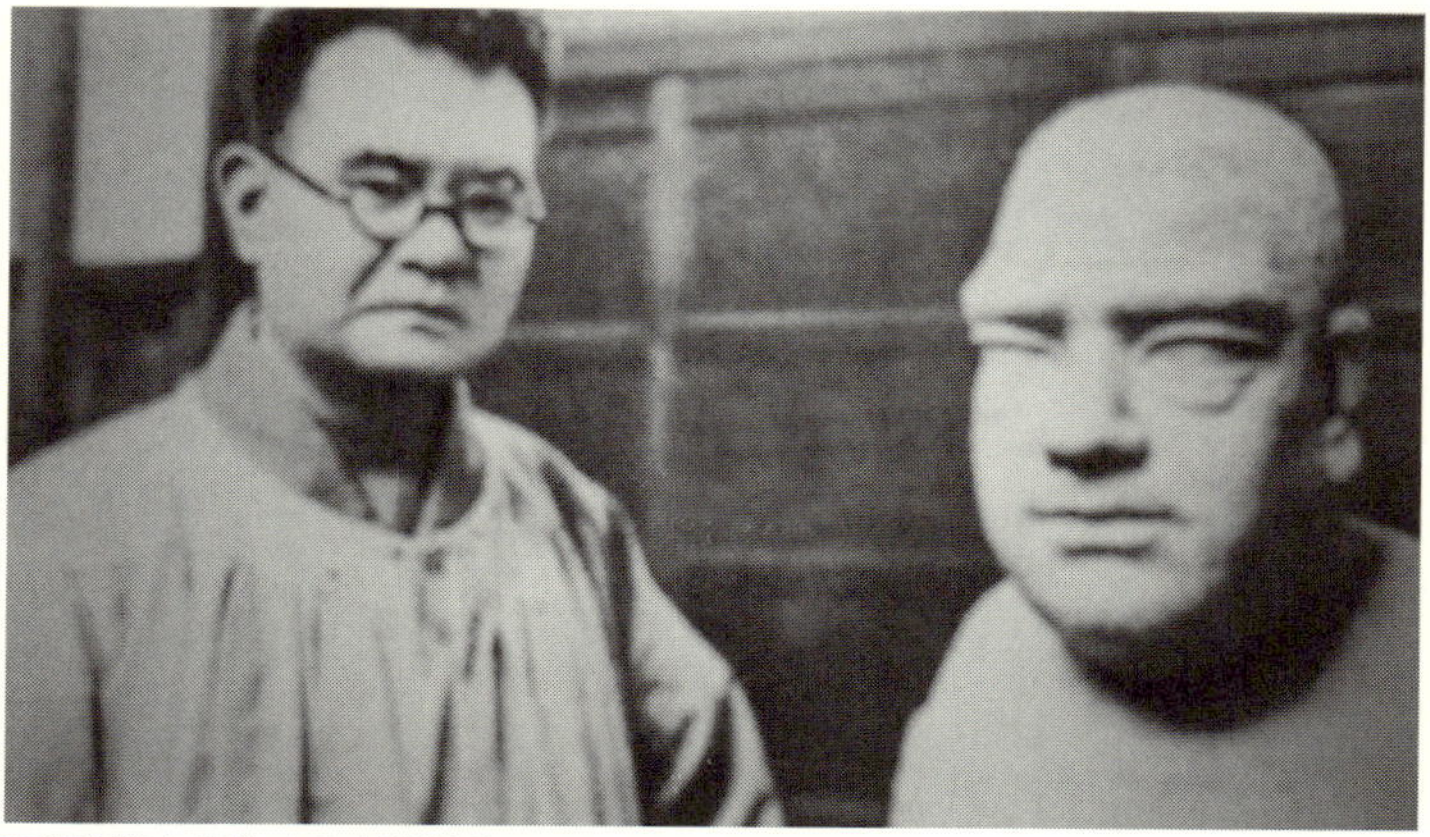
西郷銅像を製作する安藤照氏

だった。

　現場での私の苦心はその石ひとつにも、石を生かすか殺すかの細心の感覚を働かさなければならなかった。

　全ては彫刻する時の土付けの気持ちでひとつ、ひとつ積まれていった。

　谷間の一部には石の美しい肌を見るために全面が常に濡れているように、表面を潤うほどの水が石の下の丸みに集まり、わずかに一滴ずつ雫となって落ちるようにした。石の上方には少しの流れが落ち、また次のところには音の立つぐらいに、その音にも幾段かの変化がリズムをなして、音による深山の趣を伝えようとした。水の響きにも流れにも、深く心を込めてその微妙なる変化を調べにしたのである。

　また、樹木の植え込みも山の上部には小木を選び、下草を配して山の大いなる感じを表すように努めた。旧二の丸の樹木はそのまま取り入れて、左後方の市役所跡の歴史館（現在の鹿児島市立美術館）とのつながりを示し、築山と前方の旧城址の石垣との調和を保った。これらの台座は前方から見る時はひとつの山をなして、背後の樹林や竹林を加えて、その後ろを谷間と思わせ岩崎谷より流れ来るような想いを見せたのである。

後方の楠の大樹が繁りあう城山が東西に連なり、銅像の背景に雨の時も、晴れの時も互いに相相応して、大自然そのもののような大西郷の英姿を仰ぐことになった。以下略。

『改造』第十九巻九号より（昭和十二年九月一日発行）

鹿児島新聞社・伊牟田鐵磁の証言

西郷銅像の建立当時、鹿児島新聞社の政治部長だった伊牟田鐵磁は、鹿児島県教育会が発行した『南洲翁逸話』に銅像建立の経緯について寄稿している。

これは、伊牟田氏が安藤氏から直接取材したもので、建立場所の購入経緯など詳しく書かれている。

それによると、今の建立地はかつて栄屋旅館だったが、売却されることを聞いた勝目清（第十四代鹿児島市長で当時は助役）が、上京中の岩元禧市長に急遽連絡し、奉賛会の資金一万円を使い購入したことが記されている。

また台座の庭園の建立に際しては鹿児島市内の男女小学生、学舎生、男女中等学校の生徒、在郷軍人、青年団、婦人会員など、総勢三万二千人が小石を運ぶ作業などに奉仕したほか、当時鹿児島港に停泊していた内務省の起重機付きの船を使って、巨石を小根占から鹿児島港まで運んだことも紹介されており、この船が停泊していなかったなら巨石の運搬は不可能だったと述べている。

なお銅像建立の総予算は二十万円を予定していたが、寄付が集まらず銅像建立予算は当初の十三万円から八万円、さらに六万円と減額されたことが記されている。

参考文献

『南洲翁逸話』　昭和十二年五月、鹿児島県教育会

『鹿児島朝日新聞』　昭和十二年五月

『鹿児島新聞』　昭和十二年五月

資料

鹿児島県伊集院士族　正兵衛嫡子
探偵捕縛明治十年二月三日　少警部　中原　尚雄
三十二年

一自分儀明治九年一月四日少警部拝命奉職罷在リ、同年十一月未方、日ハ失念、大警視川路利良宅江差越候処、彼此ト承リ候末、鹿児島県ニ於テ近頃種々不穏向モ有之、迚《とて》モ西郷大将在県ナレバ名儀不立ニ麁忽《そこつ》ノ所為ハ無之トハ申ナガラモ、万一挙動ノ機ニ立至ラバ西郷ニ対面、刺違ユルヨリ外ニ仕様ハナヒヨトノ申聞ニ随ヒ居候折柄、是亦日ハ不取覚、同県　士族大山勘助（改名綱昌、警視庁十三等出仕、十年役任陸軍中尉従軍）宅へ立越候処、咄《はなし》ニ西郷若シ事ヲ挙ゲバ刺殺ヨリ外ナキト承候ニ付弥々《いよいよ》前件ノ主意包蔵罷在候内、同年十二月廿四日中警部園田長照、末広直方、自分宅へ参リ、近々帰省願出度含ミト云フモ、鹿児島県ノ動静ノ何分世評マチマチノ向キ申スニ付、其儀ニ於テハ自分ニモ共ニ帰省致シ度相答候処、両人共其意ニ応ジ候ニ付、即日其形《それなり》ニテ皆共罷帰候事。（大山綱昌明治九年正月探偵の為め帰県し桐野利秋より近々暴発の言質を得て帰京す云々、日高節著西郷隆盛暗殺事件所収大山綱昌談あり）

一翌廿五日警視庁内ニテ川路利良エ鳥渡《ちょっと》面会ノ節、帰省ノ願書可差上候間、宜敷相頼候段申述候処、夫ハ好キ事ナリ宜敷気張呉ベク申聞候ニ付、前書云々ノ儀モ有之弥《いよいよ》決心罷成候。尤モ園田長照方へ集会ノ盟約ニ付午後三時頃ヨリ差越候処、平田才七、野間口兼一、猪鹿倉保、大山綱助、菅井誠美、伊丹親恒、末広直方、山崎基明、高崎親章、安楽兼道、士持高等追々来集イタシ孰《いず》レモ見込ノ論ヲ立テ、帰省ノ上ハ各郷ヨリ私学校入校ノ者ハ固《もと》ヨリ其外へ、名分ノ無キ師ヲ起スハ人臣トシテ有間ジキト云フ義ヲ主張シ、入校ノ面々且ツ入校志願ノ者ヲ引離シ度トノ事ニ決議シ候事。

一翌廿六日午後、川路利良旧宅明《あき》家ノ所ニ於テ右人数集会ヲ期シ置キ、帰省ノ願書差出候処即刻許可相成リ、皆々参会ニ及ビ候。其節評議ノ次第ハ、第一私学校ノ人数ニ離間ノ策ヲ用ヒ、我方ニ人数ヲ引入レ私学校ヲ瓦解セシメ、動揺ノ機ニ投ジ西郷ヲ暗殺至シ、速カニ電報ヲ以テ東京ニ告ゲ海陸軍併セテ攻撃ニ及ビ、私学校ノ人数ヲ鏖《みなごろし》シニイタシ候儀ヲ決定シ、電報ノ役ニハ園田、野間口、素《もと》ヨリ肥後境ノ者故熊本鎮台ニ駆付、是ヨリ電報ニ及ブベキ事ト、其他報知ニ於テモ悉ク暗号相定メ、都テ決議ノ上明日ノ発程ヲ究メ候。併シ同時ニ発程候テハ外見ノ畏《おそ》レモ是レアリ、面々仕舞次第ト取究メ皆共帰宿致シ候事。

一同廿七日東京発程横浜迄差越シ一泊、翌二十八日午後第九時玄海丸ヘ乗船出帆ノ処船中殊ノ外不宜、諸所滞泊ニテ明治十年一月十一日着県、夫レナリ外出等モ致サズ候得共、末広、高崎等参リ呉候儀ハ有之、何モ前書探偵ノ件々モハカドラズ折柄暗殺ノ密謀発覚イタシ終ニ御捕縛ニ相成、右次第此度御取調ニヨリ、陸軍大将西郷隆盛ヲ川路利良ガ命ヲ受ケ容易ナラザル儀ヲ差挾ミ、且人心ヲ離間スルノ始末取企《とりくわだて》候次第、今更何共奉恐入候事。

右之通相違不申上候。以上

明治十年二月五日

中原尚雄　拇印

(傍線は著者が本文で根拠としている箇所)

中原尚雄栲問始末書　明治十年四月四日

（前半略）二月二日兼テ知己ナル谷口藤太來リ此度鹿兒島磯ニ在ル彈藥積込ミノ爲メ東京ヨリ汽船差廻ハサレタルニ私學校黨ノ壯年輩右彈藥ヲ掠奪セシニヨリ私學校中舊陸軍大少尉位ノ者等此時ニ際シ何歟名義ヲ設ケ兵ヲ擧ンコトヲ西鄕ニ迫ラント評議最中ナリ然シ西鄕ハ鹿兒島ニ居ラサルヨシナレトモ日ナラスシテ此度ハ發スルナルヘシ且是迄當縣巡査ハ私學校黨ノ最モ窮士ヲ救ハンカ爲メ貧窮士ノミ奉職サセアリシカ昨日新タニ強壯ナル巡査百名ヲ募ラレタリ之ヲ以テ東京ヨリ下リタル獅子（我等ノ同列ヲ云フナルヘシ）ヲ獵リ取ル目論見ナルヨシト申聞ケタリ實ニ憂懣ニ堪ヘスト雖ヘトモ勢ヒ止ムヲ得ス故ニ早ク歸京セント欲スレトモ斯ノ如キコトニハ多ク僞説モアル者ナレハ尚モ實事ヲ探リ而シテ後ト思ヒ留メタリシカ翌三日類家ニ病氣見舞トシテ差越シ居リ候處午後四時頃右谷口藤太ナル者使ヲ以テ町屋ノ乙八ト申者ノ處迄一寸面會至度儀之レアルニヨリ少々ノ用向ハ押テ來會スヘキ旨申來レリ固ヨリ不審トハ存シナカラ直チニ招キニ應シテ行ク道永平橋ヲ過ルトキ後ロヨリ取ツタリト呼ヒ大抱キニ抱キ倒シタリ其時拔刀シテ恐嚇スルモノアリ捧ヲ以テ打擲スルモアリ力ラノ限リ抗スルト雖トモ勢ヒ敵スル能ハス遂ニ後ロ手ニ縛セラレタリ時ニ人數二十人許其中見知ルモノハ唯兒玉軍臣ナル者一人アリ卽チ兒玉ニ向ヒ何等ノ事アリテカヽル亂暴ニ及ハレルヤト問ヒ掛ケタルニ汝雄左衛門（尚雄ノ舊名）東京表テハ警部トカ何ントカ云フ役ヲ勤メ居ルヨシ此ノ位ノ所謂ハレヲ知ラサル者ニアラスト叱咤セリ夫レヨリ護送シテ鹿兒島西田町警察第三分署ニ至リ彼等別府晋助ヲ呼フニ折節別府不在故ニ又廣小路ニ在ル第一分署ニ護送セラル此途中携銃帯刀ノ壯年輩實ニ街々ニ滿々タリ該署モ戎器ヲ携ヘシ者數百名アリ少ラクアリテ復タ別府ヲ呼フト雖トモ不在ナリ夫レヨリ三疊敷ノ一室ニ閉チ込メ柱ニ縛リ付ルコト須臾ニシテ調所ニ引廻シタリ其時ノ惡口罵詈實ニ筆紙ノ盡ス處ニアラス間モナク調役中島健彦宮内俊助外二名來リ中島云フ汝中原汝ハ西鄕大將ヲ暗殺ニ歸リシ由ト私大ヒニ愕キ決

シテ然ラス兩親病氣ニ付看病ノ爲メ歸縣シタリト答ヘシニ叱聲ト共ニ大ニ打擲シ遂ニ半死半生（此時兩手及ヒ足ニ數ヶ所ノ疵ヲ受ク今ニ手疵ハ平愈セス）ニ至テ止ミ中島等退キシ後彼レ水ヲ飲マシメタリ少ラクアッテ復タ來リ詰ルニ歸縣ノ趣川路ヵ内命ヲ奉セシナランコトヲ以テス答フルニ前言ノ通リヲ以テス其後數度ノ調ヘノ中汝等一緒ニ歸リタルモノアルヘシ汝ハ此列ノ巨魁ナリ故ニ必ラス知ラサル筈ナシ汝ハ伊集院郷ニ於テハ名アルモノナリ亦汝等ノ歸リタルハ誰ノ許可ヲ得シヤト云ヘリ私答テ曰長官ヨリ許可ヲ得タリト彼レ卽チ問フ其長官ハ誰ソヤ汝口上ニテ述ヘラレサレハ四肢ヨリ打出スヘシト打擲棒ノ當ラサル處ナシ七篇目ノ調ヘマテハ前言ノ如ク家事ヲ以テ答ヘシカ八篇目ノ調ニ至リ我輩同列ノ名簿ヲ持チ來リ此連名ハ何故ソヤト云フ答フルニ此レ全ク一緒ニ歸ルトキノ覺ヘ書ナリ然レトモ此ノ人數ト同列スル趣キハ他ナシ全ク長官ノ内意ヲ受ケシニアラス且公事ニモアラスシテ實ニ私事ニ關スルコトナリト先キニ約セシ歸縣ノ趣ヲ始テ告タリ二月六日管井ト共ニ引出シ彼等云フ汝等カ首ヲ上町邊ニ於テ斬ルヘシ等愚痴脅嚇ヲナシ互ニ我等ノ膽ヲ取ランコトヲ争ヒナカラ縣廳ヲ距ル七八丁ナル囚獄郭内迄引至リ管井ト一所ニ列ラネ汝等此處ソ覺悟ノ場所ナリナト云ヒ威トス實ニ笑フヘク憎ムヘシ暫時ニシテ又本ノ分署ニ引歸リ例ノ柱ニ縛セラレタリ然リ而シテ又調所ニ引出サル其ノ時口供ナリトテ彼レ披テ之レヲ讀聞カスルニ其趣キ大抵先キニ申述ヘタル處ニ異ナラス唯文尾ニ至リ川路大警視ヨリ私學校ヲ離間セシムル策ノ内意ヲ受シコトアリコレノミ不服ナルニ付直チニ之レヲ辯セント欲セシカ身體頻リニ疲弊ノ際恨ヲ呑ミナカラ之レニ抗スルニ力ナク切ニ苦痛致シ居ル處強テ拇指ヲ押ヘ印セシメ直チニ囚獄所ヘ連レ行キ獄中ニ落込メタリ又八日ハ暮ニ至リ一處ニ縛セラレタル十九名ノ者ヲ共ニ獄外ニ引出セシニ私獨リ残リタル時ニ以爲ラク彼ノ人數此夕必ス斬首ニ逢フナラン我殘リシハ書キ落シニテ自然呼ヒ出スヘシト今ヲ限リト切齒シ待居タリシニ疲勞ノ身睡リヲ催シ只端ナク眠リ居ル所人アリ呼ヒ來リ同獄ノ者（此レハ外ノ罪人）ニ打起セト命シ直チニ進ミ入來リ曰ク汝カ口述外々ノ者ノ申述トハ齟齬セリ今外人數ヲ糺スニ皆同シクシテ獨リ汝カ口上詐誤ナリコレコソ眞ノ口供

ナリトテ一通ヲ持チ來リシカ其文面閲見セサルノミナラスコレヲ讀ミ聞カセモセス拇印サセントス時ニ答ヘテ曰ク尋常ニ御糺シアラハ決シテ順序顚倒ノ憂ヒナシ然レトモ無理暴戻ノ責ニ掛リ口述スレハ假令趣意ハ差ハサレトモ言語ハ必ス前後セント云ハセモ果テス痛ミシ手ヲ取リ無理ニ拇指ニ墨ヲ點シテ強テ押サセ急速立チ去レリ少ラクアリテ同列人數歸リ來リ話スニ思ヒモ依ラサル口供ヲ僞作シ其ノ文中暗殺ノ文字アルヲ聞キ大ヒニ驚愕シ無根ノ僞口供ニ因テ冤罪ノ名ヲ負フト思ヘハ憂懣胸ヲ焦シ恨ミ限リナシト雖トモ詮方ナク默止居タリ同月廿六日縣廳内ノ新牢ニ移サル只旦夕無慚ノ死ヲ待ツノミ時ニ明治十年三月十日　勅使御下向ノ官兵ニ御受取相成再生天日ヲ拜シ卽チ官船神奈川ニ乘込ミシニ市中ニ賣売スル私等ノ口述ナリトテ朋友等之ヲ示ス始テ之レヲ閲シ憤懣自ラ禁スル能ハス後長崎大阪ヲ經テ三月廿二日着京同廿八日前件ノ始末御尋問ヲ蒙リ御達ノ旨ニ遵ヒ前書之通申上候

右之通相違不申上候以上

明治十年四月四日

鹿児島縣士族　　中原　尚雄

三十一年六ヶ月

中原尚雄口供書　明治十年十二月廿四日　（司法省記録）

東京第五大區ニ小區淺草福富町廿三番地寄留

鹿児島縣士族

三等少警部　中原尚雄

一自分儀明治九年一月四日東京ニ於テ少警部拝命警視廳へ奉職罷在候處同年十二月ニ至リ鹿児島縣下不穏ノ風聞有之吾ヵ郷里伊集院郷ノ如キハ始メ私學校黨ニ與ミスル者僅ニ五六名ノミナリシニ近來入校ノ者夥ク吾ヵ親類朋友等モ既ニ其黨ニ與ミシタル由聞キ及ヒ日夜憂慮ニ堪ヘス一タヒ歸縣シ渠レ等ニ説クニ大義名分ノ在ル所ヲ以テシ方向ヲ誤ラサル様致シ度ト相考ヘ罷在候際同月廿四日ト覺ヘ園田長輝末廣直方來訪其言フ所一々我ヵ意ニ同シキヲ以テ共々歸縣センコトヲ約シ其後菅井誠美其他ノ者共ト追々集會愈歸縣ノ上親戚朋友ニ大義名分ヲ守リ無名不義ノ黨ニ役セラレス方向ヲ失ハサル様致スヘキ旨力ヲ盡シテ説諭ヲ加フヘシト決議シタリ然ルニ一時數名歸省ヲ願出ルトキハ長官ノ許可ヲ得ル能ハス又巡査一同ヘ疑心ヲ懐カシメンコトヲ懼レ權大警部大山綱昌ニ就キ長官ヘ本意ヲ開陳シ各歸省ノ願書ヲ差出シタル處許可ヲ得タルニ付同廿七日東京出立明治十年一月十日鹿児島縣下川内ニ着同夜串木野郷ノ親類長平八郎宅ニ一泊セシニ同人ノ話シニ當今私學校ニ入校セサルモノハ犬羊牛馬ノ如ク嘲哢罵詈シ銃器彈藥ヲ購求シ容易ナラサル勢ナリ又東京ヨリ歸國セシ者ハ政府ノ間者ナリトテ親戚朋友ノ交際ヲモ絶ツニ至レリ甚シキニ至テハ途中ニテ木石瓦礫ヲ投ケ打チ或ハ種々ノ亂暴狼籍ヲ爲ス由ニ付不慮ノ禍ヲ被ムルモ難計能々注意スヘシト申聞ケタルニ由リ私學校黨ノ勢焔東京ニテ傳聞シタルヨリ一層熾ンナルコトヲ承知シタルヲ以テ歸宅ノ後ハ何方ヘモ他行致サス來客ニ應接致シ居候處同月三

十日午時兼テ知音ノ小山田士族谷口登太來リ種々談話ノ末私學校ノ模様相尋ネタルニ谷口云鹿兒島私學校ノ勢ハ實ニ盛ンナルモノニテ日々校黨カ狙撃ニ行クノ有様ハ恰モ藩政時分ノ常備兵ニ異ナラス毎日砲聲ノ絶ル間ナシ諸郷ニモ同様盛大ヲ極メ自分共ノ如キ私學校ニ入ラサルモノハ近隣ノ交際モ出來サル程ナリ因テ出京ノ上何方ヘカ盡力致シ度趣谷口ヨリ承リタルニ付其儀ハ如何様ニモ周旋致スヘキ旨相答郷々ノ者共漫リニ私學校黨ニ與ミスルノ謂ハレナキコトヲ説キ飽迄大義名分ノ在ル處ヲ談論致シ私學校黨出京ノ頃合ヲ尋ネシ處多分櫻時分ナルヘシト相答ヘ（櫻時分トハ舊暦三月ヲ指スナルヘシ）谷口ハ夕刻自分宅ヲ立チ出罷歸リ候事

一二月二日午后右谷口登太再ヒ自分方ヘ來リ此度政府ヨリ鹿兒島磯ニ在ル彈藥積込ミノ爲汽船差廻サレタル處私學校黨ノ壯年輩大ニ激怒シ右磯ノ彈藥貳萬五千發ヲ掠奪シタリ此時ニ際シ何ニカ名義ヲ設ケ兵ヲ擧ケンコトヲ西郷氏ニ迫マラント折角評議ヲ爲ス由實ニ鹿兒島ノ騒動一方ナラス西郷氏ハ當時鹿兒島ニハ居ラサル由ナレトキ此度ハ必定發スルニ疑ナシ又東京ヨリ下リ居ル獅子（コレハ我輩ノ同列ヲ指スナラント思ヘリ）ヲ獵リ取ラントテ私學校黨ヨリ強壯ノ者百名ヲ撰抜シ昨日新タニ縣廳ヨリ巡査ヲ申付ケタル由邊見十郎太ノ弟ヨリ聞キタル旨等種々談話中夜ニ入リタルニ付今晩ハ雨天ナル故一泊シテ歸ルヘシト自分ヨリ申出テタルニ谷口モ其意ニ從ヒ共ニ臥シ居候處夜半過ニ至リ谷口ヨリ自分ヲ呼ヒ起シ申聞クルニハ自分カ君ノ宅ニ一泊シタリト云フコトヲ私學校黨カ聞クトキハ鹿兒島ニ行クコトモ出來サルヤウニナルカラ歸ルヘシト云フニ由リ至極然ルヘシト相答ヘタル處谷口ハ直ニ立チ歸リ候事

一二月三日午後四時頃谷口登太ヨリ書面ヲ以テ伊集院町ノ乙八ト申ス者ノ處迄來會スヘキ旨申來リタルニ付不審トハ存シナカラ直チニ立越ス途中永平橋ヲ過ルトキ後ロヨリ取ツタリト聲ヲ掛ケ抱キ倒シ前後左右ヨリ抜刀ニテヲドスモアリ棒ヲ以テ打ツモアリ遂ニ後ロ手ニ捕縛セラレ鹿兒島西田町警察分署ニ至リ又廣小路ニアル第一分署ニ護送セラレ同所ノ柱ニ縛リ付ラル、コト須叟ニシテ調所ニ引廻サレ間モナク中島健彦宮内康寧外二名出テ來リ中島ヨリ自分ニ向ヒ汝ハ川路大警視ノ内命ヲ奉シ西郷大將ヲ暗殺ノ爲歸縣シタル趣其次第申立ヨト云フニ由リ自分ハ親病氣ニ付看病ノ爲メ歸縣シタリト答ヘシニ打テト云フ聲ト共ニ左右ヨリ棒ヲ以テ毆打セラレ手足數ヶ所ニ傷ヲ受ケ殆ント氣絶ニ至レリ彼レ等自分ニ飲マシムルニ水ヲ以テシ少ラクシテ復タ來リ詰ルニ前件ノ事ヲ以テス自分答フルコト前言ノ如シ其後河野通英中山盛高等更ル々々數度ノ取調ニモ同樣相答ヘ居候處汝ノ歸リタルハ誰レノ許可ヲ得シヤト相尋ヌルニ付長官ヨリ許可ヲ得タリト答ヘシニ其長官ハ誰レソヤ汝口上ニテ述ヘラレスンハ手足ヨリ打チ出スヘシト巡査等打擲シテ全身棒ノ當ラサル所ナシ其後吾輩同列ノ名簿ヲ持チ來リ此連簿ハ何故ソト云フニ由リ最早致シ方ナシト覺悟シ此ノ人數ト同列スル趣旨ハ他ナシ鹿兒島私學校黨ノ勢盛ニシテ到底國ノ爲妨害ヲ爲スヘシト見込ム處ヨリ同志期セスシテ相會シ各其親戚朋友ニ大義名分ノ在ル所ヲ示シ私學校ニ入校セサル樣説諭ヲ加フヘシト互ニ相約シ歸縣シタルナリ決シテ長官ノ内意ヲ受ケシコトニアラスト始メテ歸縣シタル趣意ヲ申述ヘタリ然ルニ二月八日ニ至リ自分ノ口供ナリトテ讀ミ聞カスルヲ承ルニ大抵前日申述ヘタル處ニ異ナラサレトキ唯川路大警視ヨリ私學校ヲ離間セシムル策ノ内意ヲ受ケシト云フノ義不服ナルヲ以テ直チニ之ヲ辯セント欲シタレトキ數度ノ拷問ヲ受ケ眞體頻リニ苦痛ノ際之レニ抗スルノ力ナク強テ拇指ヲ押ヘラレ恨ヲ呑ンテ拇印シタリ夫レヨリ數日入獄罷在候處二月十三日ノ日暮ニ至リ一處ニ繋獄セラレタル十九名ノ者ヲ獄外ニ引出シ自分獨リ居殘リタル處夜ニ入リ人アリ獄中ニ來リ云汝カ口供外々ノ者ノ申述ト齟齬セリ此レコソ眞ノ口供ナリトテ一通ノ書面ヲ持チ來リ讀ミ聞カセモセス痛ミシ手ヲ執リ無理ニ拇印セシメ急速立チ去リタリ暫クシテ同列ノ者等歸獄致シ其口供中暗殺ノ文字アルヲ聞キ自分ノ口供モ同樣ナルヘシト想像シ忿懣自ラ禁スル能ハス恨ヲ呑ンテ死ヲ待チ罷在候處明治十年三月十日　勅使御下向ノ官兵ニ御受取相成其後長崎ヨリ東京ニ護送セラレ追々御取調ニ依リ

前件之始末申立候事
一谷口登太へ面談ノ節自分西郷ニ面會シ擧兵ノ不可ナルヲ論シ若シ聞キ入レサルトキハ刺シ違ヘルヨリ外ニ致シ方ナシト話シタル義有之ヤノ旨今般深ク御糺問ヲ蒙リ反覆熟考致シタレトキモ西郷隆盛ニハ從來ノ恩コソアレ寸分ノ恨モ無之ニ付刺違ヘルトノ義自分ヨリ發言シタル覺無之候得共當時ノ勢ヲ察スルニ西郷ニシテ若シ兵ヲ擧ルトキハ國家ノ大亂人民ノ苦難此レヨリ甚シキナシ寧ロ自分ノ一死ヲ西郷ニ興フルトキ西郷ノ擧兵ヲ未タ發セサルニ説破致シ度ト憂國ノ念慮一圖ニ決心致シ居タル際ニ付慷慨談話ノ間語氣或ハ此ニ及ヒタルモ難計ニ因リ西郷ヲ刺シ違ヘル云々ノ義自分ヨリ承リタルト谷口登太ヨリ申立ル上ハ自分ヨリ相話シタルニ相違モ有之間敷候事
一鹿兒島第一分署ニ於テ歸縣ノ始末糺問ヲ受クル節西郷ヲ刺違ヘルヨリ外ニ仕様ハ無之トノ義供述致シタル覺ハ無之候得共河野通英取調ノ節右云々自分ヨリ吐露シタリト河野通英ヨリ申立ルナラハ當時自分モ數度ノ拷訊ヲ受ケ精神恍惚ト有之タル際ニ付決シテ右ノ義ヲ供述セストハ今更抗拒致シ難ク候事
右之通相違不申上候以上
明治十年十二月廿四日
中原　尚雄（花押）
檢閲幹事　河野敏鎌　印
檢事長　岸良兼養　印
（原朱）　無罪　九州臨時裁判所
（傍線は著者が本文で根拠としている箇所）

鹿児島縣薩摩國日置郡小山田村
士族　谷口　登太
三十三年七ヶ月

一自分儀、別に勤場も無之、農業而已致し居候處。明治十年一月廿六日（舊歴十二月十三日）、と覺え、兼て知音の鹿児島福昌寺門前居住士族相良長安、自分方へ來り。おまへは、東京へ出ると云ふことなるが、さうかと相尋ぬるに付。決して然らざる旨相答へたる處。然らば何故私學校へは入らざるやと相尋ぬるに付。何も譯は無之候へ共、鹿兒島へは三里餘も相隔り、困窮の身分、辨當の手當にも差支ふるに由り、是迄入校致さゞる旨相答候處。私學校と云ものは、外難の生じ候節の爲めに備へ置くものなるを、吾が國に於て、戰爭にても起すものゝ如く相考へ、入校致さゞるは、大に間違ひのことなり。當時既に亞細亞土耳其にて戰爭相始まり居るに付、日本へ及ぶも、測り難し。その時に至り、彼是致し候ても、合戰の出來るものにては無之に依り、來る舊歴正月中旬比迄には、私學校黨操出し、上京の手筈にて、兵器等も十分取調有之、昨今入校する者最多し。若し其の時に至り、臆病を垂るゝ樣のことにては、二才共より（二才とは壯年の方言なり）毆き殺さるゝも難計に付、速に入校致し候方、身の爲めなるべしと勸め候末。近頃、東京より警部等歸省致し居るもの數名有之、中原尚雄も歸り居る由。おまへは、兼て中原とは懇意の趣なるが、最早面會致したるやと、相良より相尋ぬるに付成る程、歸り居ることは承知致したれども、未だ面會せず。勿論、中原と別段懇意と云ふにあらざれども、臺灣征討の時、同樣從軍致し、互に相知るものに候段相答候。然る處、相良より申聞け候には。中原等は、何か私學校の事を探る爲めに歸り居るに相違なけれども、區長等は、孰れも私學校黨の者にて、警部等に面會も不都合に付。おまへ、中原迄氣張りくれ候ことは相成る間敷哉。尤、私學校黨の者と思へば、中原も用心致すべくに付。先つ臺灣歸り以來、絶て面會せざる旨を申述べ。次に私學校に入らざるより、何にか嫌疑を受け迷惑に付、東京に於て可然難場もあらば、出京致し度志願なりと、此方より話し掛け可申。左すれば、中原も何とか答ふる次第あるべし。其事を聞き取り、報知致し呉れ候はゞ、私學校へ入校の儀は、如何様にも取計ふべし、成るべく早く參りくれよとの事故、承諾致し。一月三十日（舊歷十二月十七日）午後一時頃、中原方へ立越し、對面之上、自分より中原に向ひ。此程歸り居らるゝ由は、承りたれども、是迄無沙汰致したり。今日は當所の市に付、（十二月十七日は伊集院町の市日なり）旁、出掛けたりと申述べたる處。能く來りたりとて、不相替懇話に及びたる末。私學校の模様は如何やと、中原より相尋ぬるに付。自分は入校不至候得共、近頃に相成りては、入校の人々夥敷、實に盛大なるをにて、毎家私學校黨に付、自分共の如き、入校せざる者は、兼ての突合も、何か隔意有之向に相成大に嫌疑を受候場合にて、迷惑の仕合に付、出京致し度相考居候得共。今となりては可然難場も有之間敷と存じ、猶豫致し居候段、申述べたる處。中原申聞け候には。當時警視廳も盛大に取起し相成る賦に付、難場の處は、決してはづれ間敷、殊に先年奉職致し居候譯も有之、何にも故障は無之筈。自分も別して力を得候事に付、共に上京互に盡力すべしとの説有之。然るに私學校黨出京すべしと云ふ勢を察するに、是非共破裂は致すべく、いつ頃に可有之哉と相尋候に付。自分の考にては、多分舊暦三月頃ならんと相答へたり。（これは、相良長安より若し中原私學校黨出京の頃合を尋ぬるならば、成る丈け遠く云ふて置けと申含めたる故、如此答へしなり。）然る處、中原云、實に私學校黨と云ふものは、つまらぬものなり。今日に至ては、政府に於て、海陸軍の備も嚴重に相成りたるに付。假令、私學校黨鹿兒島より熊本に押し出す共、鎭臺を踏潰するをは容易に出來ることにあらず。其中、前の濱に軍艦の二三艘も來り、川内邊に一二艘も廻り、海陸より打ち立るときは、一氣に打ち破らる、は必定なり。郷々の者は、是迄、鹿兒島の人より、郷の者とて區別を立られ、不平を懐きながら、今日に至り、私學校黨に隨從するは、誠につまらぬ仕方なり。若し私學校黨事を擧るの場合に至り候共。郷々の者を私學校より引き離すことは、自分の力にて隨分出夾る心得なれども。鹿兒島の處は、始より西郷と共に致し居る故、甚た六ヶ敷事なり。故に自分先づ西郷に面會議論致し度相考へ居れども、若し途中にて、私學黨の二才共上り、つまみ殺され共しては、馬鹿なことなりと、留めるもの有之に付、差控へ居るなり。併し、西郷若し事を擧る時機に至らば、立越し議論に及び。聞き入れざる時は、刺し違へるより外に手はない。此人と共に斃るれば、吾身に於て、不足は無之に付き、西郷の方に行くときは、夜の中に三つ上坂の下（地名）邊迄参り、夜の明るを待て、西郷の方に行く考なり。おまへは、鹿兒島に道も近き故、何にか變りたることを聞き込みたらば、早速知らせくれよとの依頼を受け候に付。承諾致し。鹿兒島の模樣、及ひ西郷在宅の頃合をも承り、報知致すべし。それに付ては、邊見十郎太の弟は、兼て知人に付、彼方に参り、一體の模樣承り合せ可申と相語り候處。さうして呉るれば、最幸の事なり。それ等の處に行て、もらはねばならぬと、中原より申聞け候に付。同日午後四時頃、中原の宅を立ち出で罷歸り居候。翌三十一日午後、相良長安夾り、中原方へ参り呉れたりやと相尋ね候に付。中原と談話の次第、逐一殘す所なく相話し候處。さうしたことか、其通疑はれて居るから、面會して尋て見ざれば、分らぬと云ことは其事なり。實に國の爲を思ふて疑はれるは、つまらぬことなりなど申したる末。おまへが、私學校へ入校のことは、自分可然取り計ひ遣はすに付、少も懸念に及ばざる旨、申置き立歸りたり。其後二三日を經て、（日は覺へず）相良長安より使を以て、（この使は私學校黨の者に相違なけれども、其姓名は存ぜず）鹿兒島下た荒田峰崎某方迄参り呉れ候樣申夾りたるに付。即ち罷越し候處。今一たび中原方へ氣張り呉る、べき旨相良より申聞け。且、中原へ面會の上は、前日の話を續ぎ、私學校の勢盛なるを語り。近日、東京獅《あつま》下り居るに付、私學校黨にて、獅子狩りを爲す風聞有之に付。用心致し居るべしと云ことをも語り可申旨。相良より承りたるに付、其通承諾し。翌日午後四時頃、中原方へ立越し候處。不在なりしが、近所に参り居る由にて、家内の者より呼に遣したるを以て、無程歸り夾り。談話の央、市夾鄕の高崎親章、中原方へ参りたる處。中原より、話をするによき處ある故、夾るべしとて。自分並に高崎も同様連れ立ち、伊集院町の一家へ至りたるに。川内の末廣直方外に一人名前知らざる者罷在り、以前より中原と共に焼酎など飲み居候體に相見へたり。自分も其席に加り、焼酎酌みながら。兼て相良より中含めたる通、鹿兒島の模様、及不日東京獅子獵可有之等のこと迄相語り候處。中原と外三人にて、我々等、此節歸省の事柄は、大山勘介、八木新兵衛、其他二三人を除くの外は、決して知るものなき筈なるに、この事の私學校黨に洩れたるは、不思議のことなり。必ず、海老原穆が、東京より報じたるに相違なしなど話合候て、其座にて承知したれども、其他は、別段汲み入りたる談話も無之。夜に入り、高崎親章は、追て出會すべき旨相約し立去り。末廣直方外一人は、其座に居残りたるを以て、自分は中原と連れ立ち、中原の宅に至り、互に寝轉ろび談話の中。先刻立歸りたるは市夾鄕の高崎某。殘り居る二人の内一人は、末廣某に有之。孰れも東京より歸省致し居る者共に候段。其節、始めて中原より承りたり。然るに、中原より金一圓か二圓か聢と覺へず、紙に包み差出したるに付。金子は、何も入用無之旨相答へ候處。鹿兒島等へ往夾するには、金子無之ては、不都合に付、持参致すべき旨申聞けたるに付、其儘受納致し。其夜は中原方へ一泊、翌朝未明、中原宅を立ち出で、朝飯前、自宅へ罷り歸り候處。前日相良より使に來る私學校黨の一人、尚又自分宅へ参りたるに付。中原方にて見聞したる次第、洩れなく相話し候處、直ちに立歸り候事。二月二日と覺ゆ、鹿兒島廣小路分署より呼出しに付、出頭候處。警部體の者名は存せず、鑑札一枚相渡し、私學校に入り居らざる者は、捕縛せらる丶も知れざる故、此鑑札を所持せよと申聞たるに付、受取候。其印鑑は、第四課の印鑑に有之候事。二月三日、西田警察分署に出頭すべき旨、書面を以て申來りたるに付、直ちに立越さんとする途中に於て、前日より度々相良の使として、自分方へ來りたる私學校黨の一人に出逢ひ候處。是より伊集院迄参らずては相叶はざるに付、おまへも参り呉れよと申聞けたるに依り。其意に従ひ、鹿児島縣警部淺井直之進、巡査町田權左衛門、其他名前知らざる者數人と同行の途中に於て、町田より自分へ申聞るには。中原尚雄等取調の筋有之、捕縛可致處、大勢其宅に踏み込み、怪我等させては厄介に付、おまへの名前にて、中原へ書翰を遣はすに付、一歩先きに参るべしとのことに付。町田と共に道を急ぎ、伊集院町なる、曾て中原と會合したる一家へ立ち寄り、食事等致し候内。町田に於て、自分名前の手紙を認め、中原方へ差遣したり。無程中原は都合能捕縛したる段、名前知らざる同行の者より通知あり。是れより、尚、又、市來迄参るべき旨、町田より申聞くるに付、直様出立。市來に於ても、同様、町田より自分名前の書面を高崎親章に差遣し、無難に捕縛したる由にて。更に平佐郷へ向け立越したる處。雨中歩行ひまどり、町田と自分は、他の人數と途中に於て相後れ。着したるときは、既に他の人數にて、末廣直方を捕縛したる旨承りたるに付、町田と共に罷歸候事。二月十三日、私學校より呼使を受け罷出候處。名前知らざる書記體の者より、其許は邊見十郎太の隊に編入になりたりと申聞くるに従ひ、十郎太に面會候處。隊の極りたるものは、直に番兵にても致さずては不相成との事に付き。一應歸宅。帯刀、再び同校に至り、三番大隊一番小隊の分隊長被申付たるに付き、固く辭退し、兵卒となり。分隊長には八木彦八擧られ候事。同月十六日、押伍列となり出立、熊本に至る途中、水俣へ掛る山の上にて。小隊長邊見十郎太より、中原尚雄の口供、隊中の者へ讀聞け。右の筋合なるに付、此度政府へ尋問として、上京致す旨申渡さる。右讀聞け文中、自分より長安へ申立たる趣意と異なれども、何等申出でず候事。同月、日失念、熊本縣下細工所自分宿所へ、本營詰池上四郎使の由にて、小使體のもの來り、實印差出すべしとの事に付。所持せざる旨答へ、差歸し候處。再び來り云ふ。所持せざれば、買求むるか、どうなりとも致し差出すべしとの旨に從ひ、所々相尋たれども、市人は立去り、買求むるをならず、幸ひ明家に捨てある四角なる古印壹つ拾ひ取り、渡し遣したる處。程なく、自分に出頭致すべしと呼び來るに應じ、立越し、池上四郎に面會す。然る處、同人一通の書面を出し。是は其方中原尚雄と談話せし始末を書認めたる書面なる故に讀聞す。問承はれとの事に付、承りたり。然るに、自分、中原尚雄方に行き、談話せし次第とは、其趣意大に相違の文なれども兵隊を操出し、接戰の場合、異論申すも無益なりと考へ、相違無之段申置立歸り候事。其後、川尻の戰、急なる趣にて、三番大隊、一番小隊、同所へ援兵に赴く時、自分は、桐野方へ行くべき旨、半隊長山本彦十郎より、達しを受け、罷越し候處。桐野より、此方も下人計りにて、熊本人等來り候節は、不都合に付、御苦勞ながら、此方に居り呉れ候樣と申に任せ、居候事。川尻の戰敗れ、熊本を引揚る砌り、中牟田へ彈藥運搬方、桐野より被申付。二箱を人夫に持たせ、自分附添、中牟田に至て、同所在陣の隊號並隊長名前も知らざる隊に相渡し候事。矢部を經て人吉へ引揚候後、病起り候に付、治療相加へ居候處。同所本營詰村田新八より呼出に付、罷越候處。同人より彈藥製造所人少にて、差支により、當分彈藥製造係と爲り、出來上りたる彈藥を、諸隊へ分配方可致旨被申付、相勤め候。同掛り頭役は新納軍八にて、自分は萬事其指揮を受け取計ひ候事。人吉の戰ひ敗れ、日向に退き候後も、各所の戰に身方續て敗走に及び、此先兎ても官兵に抗する能はざるを悟り。且、一時方向を誤りたるを悔悟致し候に付。本月十四日、延岡永井村に於て、軍門に降伏仕候事。中原尚雄等、西鄉隆盛を暗殺せんと企てたる、云々、自分より私學校黨の者へ申出たるに由り。右を證據として、取糺の上、中原等の口供成案相成りたる趣。今般、再應御取調を受け候得共。暗殺の儀は、中原より決して承はらざるは、勿論。右様の儀、自分より相良長安、其外へ申し出でたる事は一切無之。前件申立候通、鹿兒島より出陣の途中に於て、邊見十郎太より中原の口供なりとて讀聞かせ候節。其文中暗殺云々の儀有之、不審に思ひ候次第に付。其口供は、全く私學校黨に於て、取拵へたるをと想像致し候事。

右之通相違不申上候以上

明治十年十二月廿四日

谷口登太拇印

（傍線は著者が本文で根拠としている箇所）

用語解説

■太政官とは

司馬遼太郎は『翔ぶが如く』で太政官についてわかりやすく解説している（同書十巻、三百五十八頁参照）。

『翔ぶが如く』から引用し説明すると、太政官（政府）は、慶応三年の大政奉還とともに京都御所内で誕生した。太政官を運営するために、各藩は貢士《こうし》や徴士《ちょうし》と呼ばれる人材を供出し京都御所に詰めた。貢士は今でいう議員、徴士は官僚（公務員）で、貢士には一定の定員があったが、徴士には定員がなく無制限だった。この徴士の多くを薩摩人、長州人が占めていた。西郷も木戸も徴士で出身藩から俸禄（報酬）をもらい、藩主を主君としていた（同書一巻、五十八頁参照）。

明治元年十月、太政官は京都から東京に移った。

東京のどこに移ったかは定かではないが、場所は徳川家がいなくなった江戸城内であったと推測される。

この時から、貢士、徴士の呼称がなくなり、朝臣《ちょうしん》と呼ばれるようになった。朝臣は、律令制の官位である従四位、正三位などの身分を自ら確保し、徳川幕府が所有していた直轄領の約六百万石からの収入などで高給を得ていた。

一方、郷里に残った薩摩、長州、土佐、肥前の士族から見れば、共に戊辰戦争を戦った同志であるのに自分たちは郷里でほそぼそと生活している、という不満があった。しかも朝臣は所属藩の家来でもある、という二重の矛盾を内含していた。

この矛盾は、明治二年の版籍奉還、明治四年の廃藩置県で藩が消滅したことで解消した。その結果、太政官は絶対権力となった。

■明治新政府とは

大政奉還、王政復古の大号令により徳川幕府は倒れ、慶応三年（一八六七年）十二月九日、新しい政府が京都に誕生、天皇を中心とする政治が復活した。新政府はこれまでの摂政、関白、将軍という制度を廃止して総裁、議定、参与の職制を設けた。

新政府は、朝廷内の王政復古派（三条実美ら）と薩摩と長州の有力者により樹立されたが、実体は薩摩と長州の同盟政権だった。その中心となったのが薩摩の西郷隆盛、大久保利通、長州の木戸孝允である。この時、徳川慶喜は大阪城に居り、旧幕府軍や会津、桑名の兵隊が大阪城に集って、政権奪還のため京都へ向かった。そして、鳥羽伏見で新政府軍と衝突し、敗れて江戸へ逃げた。

明治新政府は鳥羽伏見の戦いをはじめ、戊辰戦争で旧幕府軍に勝利し、開国と富国強兵の政策を進めた。新政府の職制はしばしば変更されながらも次第に整備された。

そして、明治二年（一八六九年）に版籍奉還、明治四年に廃藩置県を行い、国内の基盤整備に本格的に着手した。

政府の首脳である大久保と木戸は、お互いに反目や衝突しながらも提携し、国家の基礎作りを進めた。西郷は新政府樹立後は鹿児島に帰り、戊辰戦争などへは鹿児島から出陣し、反乱士族を制圧した。鹿児島を拠点にしていた西郷が上京するのは、明治四年になってからである。

一方、岩倉具視を団長とする遣欧使節団に、大久保と木戸は副団長として参加した。西郷は大久保と木戸が渡欧すると、留守内閣のトップとして政権についた。

ここから、いわゆる征韓論が浮上し始める。

■明治の年号とは

明治の年号は、一八六八年九月八日から始まった。前日は慶応四年九月七日である。

大政奉還、王政復古の大号令が出されたのは慶応三年であるので、実質的な明治のスタートはこの年からであろう。鳥羽伏見の戦いで新政府軍が勝利したのは、慶応四年一月三日から五日にかけてで、徳川慶喜はこの直後に大阪から江戸へ逃げた。

この頃、西郷隆盛は江戸在住の薩摩藩士に放火や強盗などを指示して江戸を混乱させていたという。この時の逸話は本書でも紹介したように、板垣退助が証言している（本書、百八十三頁参照)。

そして慶応四年四月十一日、西郷隆盛と勝海舟の会談により、江戸城の無血開城が行われた。この時、明治天皇は十六歳だった。

この後、明治五年十二月三日に太陽暦が採用され、この日が明治六年一月一日になった。

■私学校党とは

私学校は、西郷が征韓論争で敗れ下野して、鹿児島で創設した青少年の教育機関だった。私学校には銃隊学校、砲隊学校、章典学校（幼年学校）、吉野開墾社が設けられたほか、鹿児島県内の各地に分校が設置された。

西南戦争に関する多くの著作で「私学校党」と「私学校生」という表記がある。私学校党とは政治結社のことで、これには鹿児島だけではなく、大分（中津）や宮崎（日向）などの人間も含まれる。私学校生は鹿児島にあった私学校の生徒たちのことである。

■参議とは

慶応三年十二月九日の王政復古とともに、総裁、議定、参与の三職を設けて新政府が発足した。この時、薩摩藩を代表して西郷や大久保が参与に任命された。

慶応四年（明治元年）一月十七日の改革などを経て、版籍奉還直後の明治二年七月八日の改革で、参与を参議と呼称するようになった。

参議は、国政に参与して議決権を有する者で、現在でいえば大臣ポストの少なくとも三人以上の権限を有していた。

参議になると警部二人、巡査十人が護衛にあたった。

参考文献一覧

『西郷隆盛蓋棺記』明治十年五月十四日、御届、山本国衛編、聚星館
『西郷隆盛伝・第四巻』明治二十七年十二月二十日、勝田孫弥、西郷隆盛伝発行所
『西南記伝・中巻』明治四十二年、黒龍会編、原書房
『大久保利通関係文書』昭和四十三年、大久保利謙、吉川弘文館
『明治秘史　西郷隆盛暗殺事件』昭和十三年七月一日、日高節、隼陽社
『大西郷正伝・第三巻』昭和十五年二月二十九日、下中弥三郎、平凡社
『大西郷伝　第三巻』昭和十五年、下中弥三郎
『改訂中学社会　歴史』平成元年三月三十一日、笹山晴生、教育出版
『警視庁草紙』平成九年五月二十日、山田風太郎、筑摩書房
『翔ぶが如く・第八巻』平成十四年五月十日、司馬遼太郎、文藝春秋
『長野歴史館　研究紀要』平成十六年三月三十一日、長野県立歴史館
『薩南血涙史』大正元年九月、加治木常樹
「行在所達示　第六号」明治十年
『大久保利通文書・巻四十三』昭和四年三月、侯爵、大久保家蔵収
『川路大警視』昭和七年十月、日本警察新聞社
『西郷隆盛夢物譚』明治十年、山本園衛編著、聚星館
『明治十年鹿児島県廳日誌』明治十年、岩村通俊
『西郷隆盛一代記』明治十年十二月、羽田富次郎
『南洲詩文』明治十年、三宅虎太編、文会堂・柳心堂

『西郷隆盛之伝』明治十年、三宅虎太編、和泉屋市兵衛
『南洲遺稿』明治十年、楢崎隆存編、北尾萬三郎
『参考鹿児島新誌』明治十年、和田定節編
『征西戦記稿』明治二十年五月、参謀本部
『西郷と大久保』昭和四十二年、海音寺潮五郎、新潮社
『大隈伯昔日譚・二』明治二十八年六月、東京大学出版会
『早稲田清話』大正十一年七月、大隈重信、冬夏社
『福沢諭吉全集・第六巻』昭和三十四年、慶応義塾
『山田風太郎明治小説全集・四』平成九年八月二十日、筑摩書房
「正院御用留」明治六年、東京府
『大久保利通日記・下巻』昭和二年四月二十五日、侯爵　大久保家蔵収
『甲東逸話』昭和三年五月、勝田孫弥
『西郷隆盛・下巻』昭和四十五年八月二十五日、井上清、中公新書
『南洲残影』平成十年、江藤淳、文藝春秋
「大壱大区十四区図」東京都公文書館
『岩倉公實記』明治三十九年、皇后宮職
『征韓論実相』明治四十年九月、煙山専太郎、早稲田大学出版部
『大久保利通伝』明治四十三・四十四年、同文館
『大西郷全集・第三巻』昭和二年十一月、下中彌三郎、平凡社
『征韓論の真相とその影響』昭和十六年十二月、東京日日新聞社
『近世日本国民史』昭和三十六年七月、徳富蘇峰

『今世英傑少年時代』明治三十三年十月十日、春陽堂
『日本及日本人　臨時増刊』明治四十三年九月二十四日、政教社
『大西郷秘史』大正三年一月、田中萬逸、武侠世界社
『史伝　西郷隆盛』平成元年九月十日、海音寺潮五郎、文藝春秋
『維新侠艶録』昭和四年、井筒月翁、萬里閣書房
『文藝春秋』昭和二十七年十一月、文藝春秋新社
『松本清張全集二十六』昭和四十八年三月二十日、文藝春秋
『南洲翁逸話』昭和十二年五月、鹿児島県教育会
『鹿児島朝日新聞』昭和十二年五月
『鹿児島新聞』昭和十二年五月

■著者略歴

米村秀司（よねむら・しゅうじ）

1949年生まれ。1971年３月、同志社大学卒。1971年４月、ＫＴＳ鹿児島テレビ放送入社。報道部長、編成業務局長、企画開発局長などを経て現在、鹿児島シティエフエム代表取締役社長。1999年10月、ザビエル上陸顕彰会のメンバーとして鹿児島市のザビエル公園にザビエル、ヤジロウ、ベルナルドの３体の像を建立（現存）。カトリック鹿児島司教区と連携し、「ザビエルの右腕（イタリア国重要文化財）」をローマから鹿児島に招聘。1999年４月、ザビエルのブロンズ像【KTS開発（現KCR）製作】を有志とバチカン市国へ贈呈。ローマ法王ヨハネパウロ２世に特別謁見。2008年５月、ザビエル来訪地、鹿児島県日置市東市来町にザビエル像を有志と建立（現存）。

【主な著書等】
「テレビ対談・さつま八面鏡」（鹿児島テレビ放送（編・著）、1979年10月）
「欽ちゃんの全日本仮装大賞」（日本テレビ放送網（共・編）、1983年９月）
「博学紀行・鹿児島県」（福武書店（共著）、1983年11月）
「スペインと日本」（行路社（共著）、2000年３月）
「消えた学院」（ラグーナ出版、2011年７月）
「ラジオは君を救ったか？」（ラグーナ出版、2012年６月）
「第18回日本自費出版文化賞」に入選
「岐路に立つラジオ」（ラグーナ出版、2015年５月）
「日本図書館協会選定図書」に選ばれる
「そのときラジオは何を伝えたか」（ラグーナ出版、2016年９月）

権力に対峙した男　上巻
―新・西郷隆盛研究―

二〇一七年九月十六日　第一刷発行

著　者　米村秀司
（鹿児島シティエフエム㈱　代表取締役社長）

発行者　川畑善博

発行所　株式会社 ラグーナ出版
〒八九二－〇八四七
鹿児島市西千石町三－二六－三F
電　話　〇九九－二一九－九七五〇
ＦＡＸ　〇九九－二一九－九七〇一
URL http://lagunapublishing.co.jp
e-mail info@lagunapublishing.co.jp

印刷・製本　シナノ書籍印刷株式会社
定価はカバーに表示しています
乱丁・落丁はお取り替えします
ISBN978-4-904380-65-9　C0021